333 Lieder

zum Singen, Spielen und Tanzen

für die Sekundarstufe
an allgemeinbildenden Schulen

Ausgabe Süd

von Hans-Peter Banholzer
Harald Hepfer und Klaus Wolf
unter Mitarbeit
von Peter Tomanke (Kapitel Tanzen)

Ernst Klett Schulbuchverlag Leipzig
Leipzig Stuttgart Düsseldorf

Inhalt

Tageskreis

1

Text: Carl Gottlieb Hering (1766-1853), Melodie: Giacomo Gotifredo Ferrari (1763-1842).

Aus den hellen Birken

2

2. Droben aus dem Walde tönt schon der Vögel Schalle,
grüßt den Tag viel tausendmal und euch, ihr Menschen alle.

Text: nach Joseph von Eichendorff (1788-1857), Melodie: Cesar Bresgen (geb. 1913),

Im Frühtau zu Berge

3

2. Ihr alten und hochweisen Leut, fallera,
ihr denkt wohl, wir wären nicht gescheit, fallera!
Wer wollte aber singen, wenn wir schon Grillen fingen,
in dieser herrlichen Sommerzeit.

3. Werft ab alle Sorgen und Qual, fallera,
und wandert mit uns aus dem Tal, fallera!
Wir sind hinausgegangen, den Sonnenschein zu fangen.
Kommt mit und versucht es doch selbst einmal!

Schwedisches Studentenlied, deutsche Text- und Melodiefassung: Walther Hensel (1887-1956), aus „Aufrecht Fähnlein“, Satz: Klaus Wolf,

Jeden Morgen geht die Sonne auf

4

2. Jeden Morgen aus dem Wiesengrund heben weiße Schleier sich ins Licht,
uns der Sonne Morgengang zu künden, ehe sie das Wolkentor durchbricht.

3. Jeden Morgen durch des Waldes Hall'n hebt der Hirsch sein mächtiges Geweih,
der Pirol und dann die Vöglein alle stimmen an die große Melodei.

Text: Hermann Claudius, Melodie: Karl Marx (1897–1985),

Die güldene Sonne

5

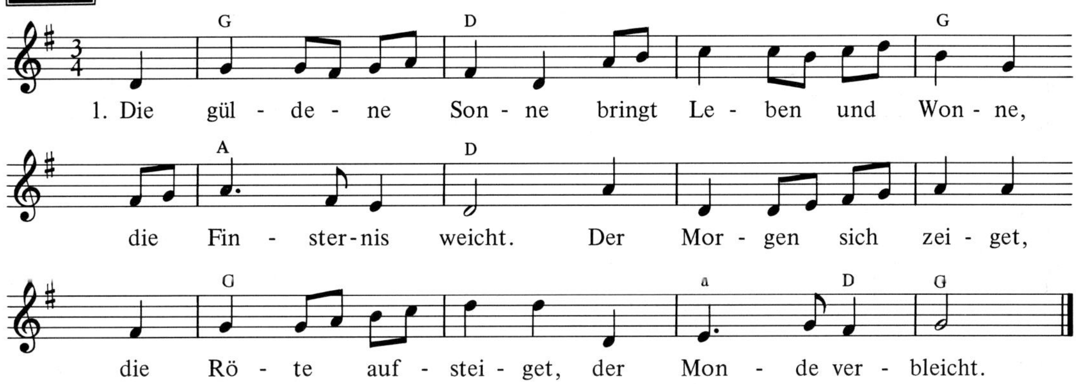

2. Nun sollen wir loben den Höchsten dort oben,
daß er uns die Nacht hat wollen behüten
vor Schrecken und Wüten der höllischen Macht.

3. Kommt, lasset uns singen, die Stimmen erschwingen,
zu danken dem Herrn. Ei, bittet und flehet,
daß er uns beistehet und weichet nicht fern.

4. In meinem Studieren wird er mich wohl führen
und bleiben bei mir, wird schärfen die Sinnen
zu neuem Beginnen und öffnen die Tür.

Text: Philipp von Zesen (1619-1689), Melodie: Johann Georg Ahle (1651-1706).

Mädel, mein Mädel 6

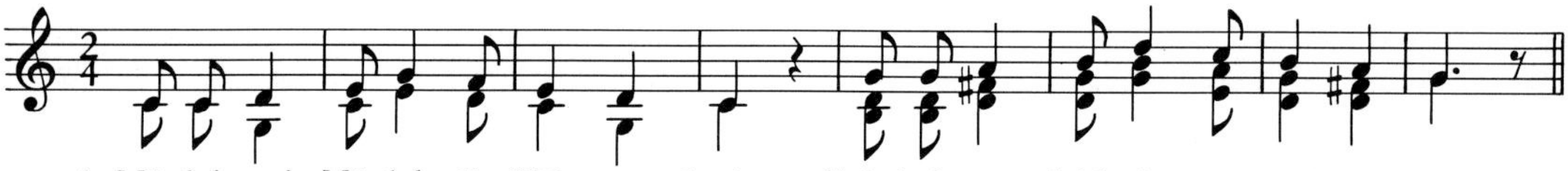

1. Mä-del, mein Mä-del, die Häh - ne krähn, Zeit ist's, vom Schla-fen nun auf - zu - stehn.
1. Prí - di ty, šu-haj - ko, rá - no knám, u - vi - dìš, čo ja to ro - bie - vam.

Dür-fen nicht träu-men, Ar-beit ver-säu-men, müs-sen uns ei-len, das Gras zu mähn.
Já rá - no vstá - vam, kra-vy na - pá - jam, o - več - ky na po - le vy - há - ňam.

2. Fällt mir beim Mähen ein Liedlein ein, singen wir lustig das Lied zu zwein;
keiner sonst kennt es, keiner sonst nennt es; Mädel, im Sommer, da wolln wir frein.

2. A ked' si tu prácu vykonám, potom si veselo zaspievam.
a pri tom speve, ako pri práci, zavše len na teba myslievam.

3. und weitere Strophen: selbst erfinden

Text und Melodie: aus der Slowakei, freie Textübertragung: Hannes Kraft (geb. 1909), Satz: Gottfried Wolters (geb. 1910),

Danke für diesen guten Morgen 7

1. Dan - ke für die-sen gu - ten Mor - gen, dan - ke für je-den neu - en Tag,

dan - ke, daß ich all mei - ne Sor - gen auf dich wer - fen mag.

2. Danke für alle guten Freunde, danke, o Herr, für jedermann,
danke, wenn auch dem größten Feinde ich verzeihen kann.

3. Danke für meine Arbeitsstelle, danke für jedes kleine Glück,
danke für alles Frohe, Helle und für die Musik.

4. Danke für manche Traurigkeiten, danke für jedes gute Wort,
danke, daß deine Hand mich leiten will an jedem Ort.

5. Danke, daß ich dein Wort verstehe, danke, daß deinen Geist du gibst,
danke, daß in der Fern und Nähe du die Menschen liebst.

6. Danke, dein Heil kennt keine Schranken, danke, ich halt mich fest daran,
danke, ach Herr, ich will dir danken, daß ich danken kann.

Text und Melodie: Martin G. Schneider (geb. 1930), aus „Danke", © Bosse Verlag, Regensburg.

Morning has broken 8

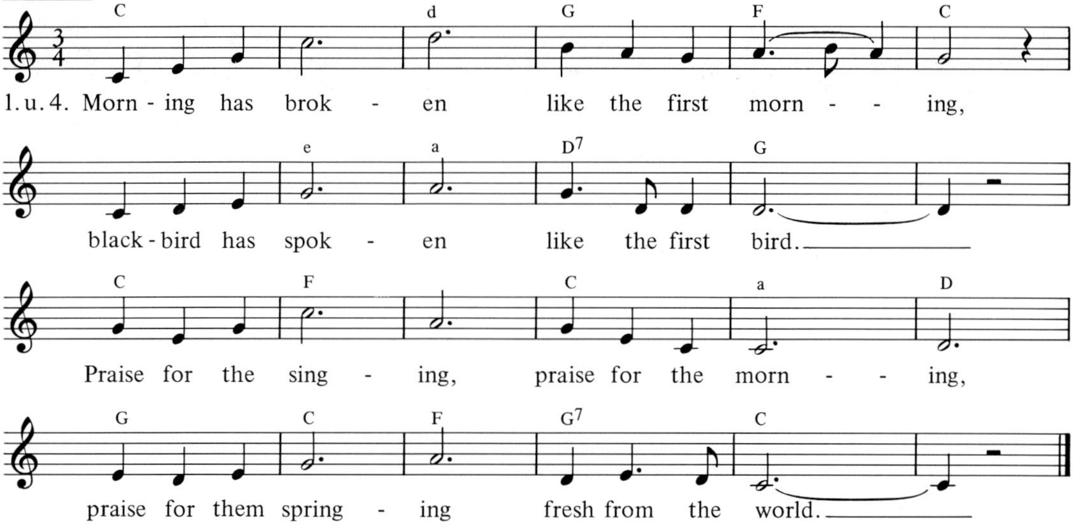

2. Sweet the rain's new fall, sunlit from heaven,
like the first dewfall on the first grass.
Praise for the sweetness of the wet garden,
sprung in completeness where his feet pass.

3. Mine is the sunlight, mine is the morning,
borne of the one light Eden saw play.
Praise with elation, praise ev'ry morning,
God's recreation of the new day.

1. Schön ist der Morgen, schau aus dem Fenster;
ganz neu geboren, schenkt er den Tag.
Nimm ihn und freu' dich, danke und denke,
wieder kommt für mich ein neuer Tag.

2. Schön ist der Morgen, singen die Lerchen;
ganz ohne Sorgen freu'n sie sich nur.
Nimm dir ein Beispiel, sei mehr zufrieden,
oft willst du zuviel, frag' mal, warum.

3. Schön ist der Morgen, fang wieder neu an.
Gestern und Sorgen, alt und vorbei,
danke und denke, daß die Welt schön ist,
darum verschenke nie deinen Tag.

Vorspiel

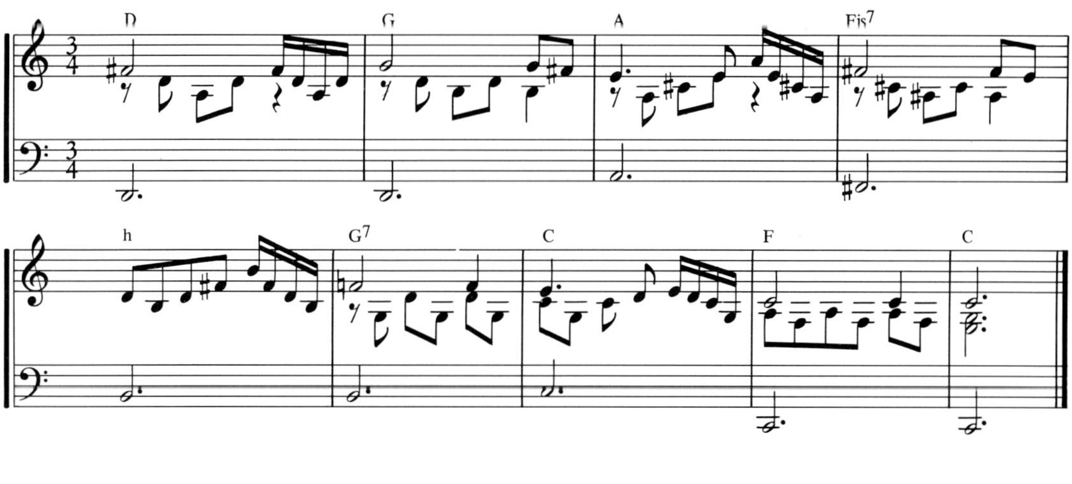

Text: Eleanor Faricon, deutscher Text: Gisela Zimber, Melodie: bearbeitet von Cat Stevens,

Wenn die Sonne ihre Strahlen 9

2. Liegst du noch in schönsten Träumen, fängt die Sonnenfahrt schon an,
langsam rollt sie über China, zur Türkei, zum Muselmann,
läßt die Mongolei im Rücken, war in Rußland, in Tibet,
sah Arabien und Indien, bis sie hier am Himmel steht.

3. Und gehst du am Abend schlafen, reist sie weiter um die Welt,
klettert westwärts hinterm Walde, hinterm Berge oder Feld,
flugs in einen andern Himmel, den von Kuba und Peru
und weckt dort die Indianer, und die niesen dann wie du.

Text: Eva Rechlin, Melodie: Heinz Lemmermann (geb. 1930); aus „Die Zugabe“ Bd. III,

Wenn die Sonne ihre Strahlen (Instrumentalsatz) 10

Instrumentalsatz: Marianne Klemm (geb. 1947), Originalbeitrag,

Kommt und springet 11

Text und Melodie: nach Antonio Caldara (1670–1736).

Viva la musica 12

Text und Melodie: Michael Praetorius (1571–1621).

Viele Künste 13

Text: Volksspruch, Melodie: Leopold Katt (1917–1965), © Styria Verlag, Graz/Wien.

Viele verachten die edele Musik

Text und Melodie: Johann Kaspar Bachofen (1695–1755), Satz: Willi Gohl (geb. 1925); aus „Der Singkreis", © Musikverlag zum Pelikan, Zürich.

Mein Stimme klinge

15

2. Jauchzen die Geigen, spielen zum Reigen,
drehet euch im Kreis nach der alten Weis und freuet euch!
Schweiget der Brummelbaß, setzt euch ins grüne Gras,
und in froher Rund tut sich manches kund aus alter Zeit.
Ein Narr, der sich verschließt, ...

Text und Melodie: Valentin Rathgeber (1682–1750); aus dem „Augsburger Tafelkonfekt", zweite Strophe mündlich überliefert.

Ueber abendstille Auen

16

Text: Theo Schmid, Melodie: Walther Hensel (1887–1956); aus "Gudrunliederblatt", © Bärenreiter Verlag, Kassel.

Abendstille überall 17

Text: Fritz Jöde (1887–1970), Melodie: H.C. Otto Laub (1805–1882),

Alles schweiget 18

Joseph Haydn (1732-1809) zugeschrieben.

Early to bed 19

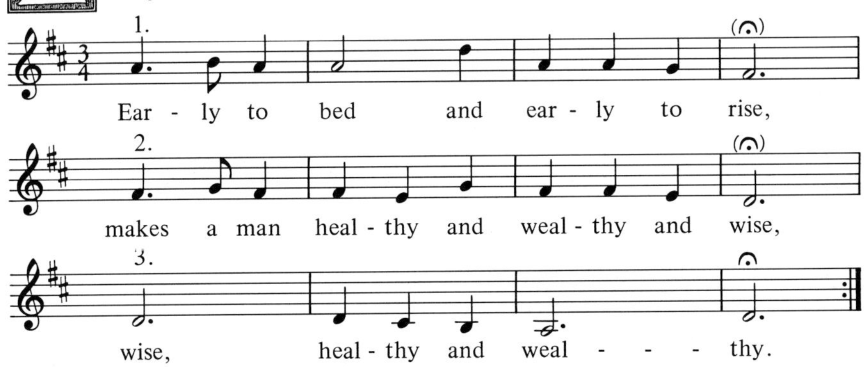

Text und Melodie: mündlich überliefert.

Good night, Ladies

20

Text und Melodie: aus England, Satz: Willi Gohl (geb. 1925); aus „Musik auf der Oberstufe", © Verlag Schweizer Singbuch, Amriswil.

Au clair de la lune

21

1. Bei des Mondes Scheine, Pierrot ruf ich dir,
kann nicht schreiben, deine Feder, leih' sie mir.
Kann zum Schreib'n nichts sehen, hab kein Feuer mehr.
Laß mich doch nicht stehen, schenk mir doch Gehör.

2. Bei des Mondes Scheine Pierrot darauf spricht:
„Laß mich schlafen, meine Feder kriegst du nicht.
Du mußt weiter gehen, dort zur Nachbarin,
seh' sie drüben stehen, in der Küche drin."

Text: aus Frankreich, deutscher Text: Siegfried Spring (geb. 1915), Melodie: nach Jean-Baptiste Lully (1632-1687), Satz: Karl Marx (1897-1985); aus „Musisches Mosaik", Nr. 22, © Fidula Verlag, Boppard/Rhein.

Carillon - Glockenspiel

22

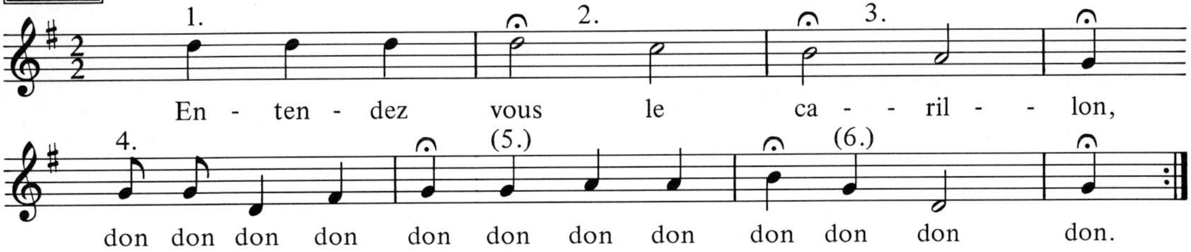

Text und Melodie: aus Frankreich.

Alles verrinnt

23

2. Morgen und Nacht wechselt Lust und Not.
Gott hat die Macht, heilt uns selbst im Tod.

3. Ehre und Macht, danach strebt die Welt.
Mein Klang, gebt acht! ruft zum Himmelszelt.

Glockenspruch der Vor-Frelsers-Kirche in Kopenhagen.

Big Ben

24

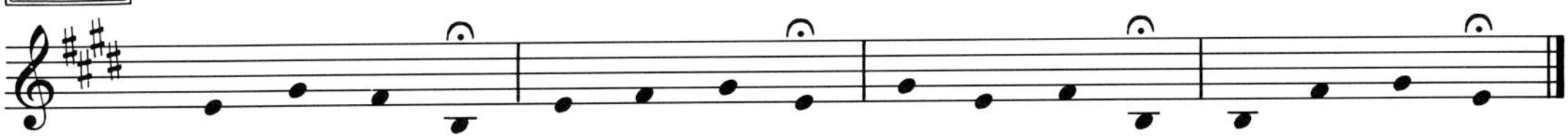

Big Ben, London.

Bim, baum

25

Text und Melodie: Hermann Stephani (1877–1960), © *Breitkopf und Härtel, Wiesbaden.*

Hört, ihr Herrn

26

2. Hört, ihr Herrn, und laßt euch sagen: unsre Glock hat elf geschlagen!
Elf Apostel blieben treu, einer trieb Verräterei.
Menschenwachen kann nichts nützen, Gott muß wachen, Gott muß schützen.
Herr, durch deine Güt und Macht gib uns eine gute Nacht!

3. Hört, ihr Herrn, und laßt euch sagen: unsre Glock hat zwölf geschlagen!
Zwölf, das ist das Ziel der Zeit; Mensch, bedenk die Ewigkeit!
Menschenwachen kann nichts nützen, Gott muß wachen, Gott muß schützen.
Herr, durch deine Güt und Macht gib uns eine gute Nacht!

4. Hört, ihr Herrn, und laßt euch sagen: unsre Glock hat eins geschlagen!
Ist nur ein Gott in der Welt, ihm sei all's anheimgestellt.
Alle Sternlein müssen schwinden, und der Tag will sich einfinden.
Danket Gott, der uns die Nacht hat so väterlich bewacht!

Text und Melodie: 17. Jahrhundert.

Hinunter ist der Sonnen Schein

27

2. Dir sei Dank, daß du uns den Tag
für Schaden, Gfahr und mancher Plag
durch deine Engel hast behüt
aus Gnad und väterlicher Güt.

3. Womit wir han erzürnet dich,
dasselb verzeih uns gnädiglich
und rechn es unser Seel nit zu,
laß schlafen uns mit Fried und Ruh.

4. Durch dein Engel die Wach bestell,
daß uns der böse Feind nit fäll,
für Schrecken, Gspenst und Feuers Not
behüt uns heint, o lieber Gott.

Text: Nikolaus Hermann (um 1480–1560), Melodie und Satz: Melchior Vulpius (1560–1615).

Der Mond ist aufgegangen 28

2. Wie ist die Welt so stille,
und in der Dämmrung Hülle
so traulich und so hold!
Als eine stille Kammer,
wo ihr des Tages Jammer
verschlafen und vergessen sollt.

3. Seht ihr den Mond dort stehen? –
Er ist nur halb zu sehen,
und ist doch rund und schön.
So sind wohl manche Sachen,
die wir getrost belachen,
weil unsre Augen sie nicht sehn.

4. Wir stolzen Menschenkinder
sind eitel arme Sünder
und wissen gar nicht viel;
wir spinnen Luftgespinste
und suchen viele Künste
und kommen weiter von dem Ziel.

5. Gott, laß dein Heil uns schauen,
auf nichts Vergänglichs trauen,
nicht Eitelkeit uns freun!
Laß uns einfältig werden
und vor dir hier auf Erden
wie Kinder fromm und fröhlich sein!

6. Wollst endlich sonder Grämen
aus dieser Welt uns nehmen
durch einen sanften Tod.
Und, wenn du uns genommen,
laß uns in Himmel kommen,
du unser Herr und Gott!

7. So legt euch denn, ihr Brüder,
in Gottes Namen nieder;
kalt ist der Abendhauch.
Verschon uns Gott mit Strafen,
und laß uns ruhig schlafen
und unsern kranken Nachbarn auch!

Text: Matthias Claudius (1746-1815), Melodie: J.A.P. Schulz (1747-1800), Satz: Adolf Seifert (1902-1945); aus „Geselliges Chorbuch“,

Guten Abend, gut Nacht – Wiegenlied

29

2. Guten Abend, gut Nacht, von Englein bewacht,
die zeigen im Traum dir Christkindleins Baum.
Schlaf nun selig und süß, schau im Traum 's Paradies,
schlaf nun selig und süß, schau im Traum 's Paradies.

Text: Strophe 1 in „Des Knaben Wunderhorn", Strophe 2 Georg Scherer (1828), Melodie und Satz: Johannes Brahms (1833-1897).

O du stille Zeit

30

2. In der Einsamkeit rauscht es nun so sacht,
über die Berge weit, über die Berge weit, gute Nacht!

Text: nach Joseph von Eichendorff (1788–1857), Melodie und Satz: Cesar Bresgen (geb. 1913); aus „Eichendorff Lieder", © Voggenreiter Verlag, Bad Godesberg.

Ade zur guten Nacht

31

2. Es trauern Berg und Tal, wo ich viel tausendmal bin drüber gegangen;
das hat deine Schönheit gemacht, die hat mich zum Lieben gebracht, mit großem Verlangen.

3. Das Brünnlein rinnt und rauscht wohl dort am Holderstrauch, wo wir gesessen.
Wie mancher Glockenschlag, da Herz bei Herzen lag, das hast du vergessen.

4. Die Mädchen in der Welt sind falscher als das Geld mit ihrem Lieben.
Ade zur guten Nacht, jetzt ist der Schluß gemacht, daß ich muß scheiden.

Text und Melodie: um 1850, Satz: Hans Peter Banholzer, © Klett Verlag, Stuttgart.

Nehmt Abschied, Brüder

32

1. Nehmt Abschied, Brüder, ungewiß ist alle Wiederkehr,
die Zukunft liegt in Finsternis und macht das Herz uns schwer.
Der Himmel wölbt sich über's Land, ade, auf Wiedersehn,
wir ruhen all in Gottes Hand, lebt wohl, auf Wiedersehn!

2. So ist in jedem Anbeginn das Ende nicht mehr weit.
Wir kommen her und gehen hin, und mit uns geht die Zeit.
Der Himmel wölbt sich ...

3. Nehmt Abschied, Brüder, schließt den Kreis, das Leben ist ein Spiel,
und wer es recht zu spielen weiß, gelangt ans rechte Ziel.
Der Himmel wölbt sich ...

Text: Robert Burns (1759-1796), deutscher Text: Claus Ludwig Laue, Melodie: aus Schottland; aus „Laute, schlag an“, © Georgs-Verlag, Düsseldorf, Satz: Klaus Wolf, © Klett Verlag, Stuttgart.

Kein schöner Land 33

2. Da haben wir so manche Stund gesessen da in froher Rund
|: und taten singen; die Lieder klingen im Eichengrund. :|

3. Daß wir uns hier in diesem Tal noch treffen so viel hundertmal,
|: Gott mag es schenken, Gott mag es lenken, er hat die Gnad. :|

4. Nun Brüder, eine gute Nacht, der Herr im hohen Himmel wacht!
|: In seiner Güte uns zu behüten ist er bedacht. :|

Text und Melodie: bei Wilhelm von Zuccalmaglio (1803–1869), Satz: Klaus Wolf, © Klett Verlag, Stuttgart.

Herr, bleibe bei uns 34

Text und Melodie: Albert Thate, aus „Bruder Singer“, © Bärenreiter Verlag, Kassel.

Jahreskreis

35

Text und Melodie: volkstümlich.

So treiben wir den Winter aus 36

2. Wir stürzen ihn von Berg zu Tal, auf daß er sich zu Tode fall
und uns nicht mehr betrüge durch falsche Lehr und Lüge.

3. Nun haben den Winter wir ausgetrieben, so bringen wir den Sommer herwieder,
den Sommer und den Maien, die Blümlein mancherleien.

Dazu ad libitum

Text: aus „Des Knaben Wunderhorn" 1806, Melodie: 1545, Satz: Klaus Wolf,

Koli komi 37

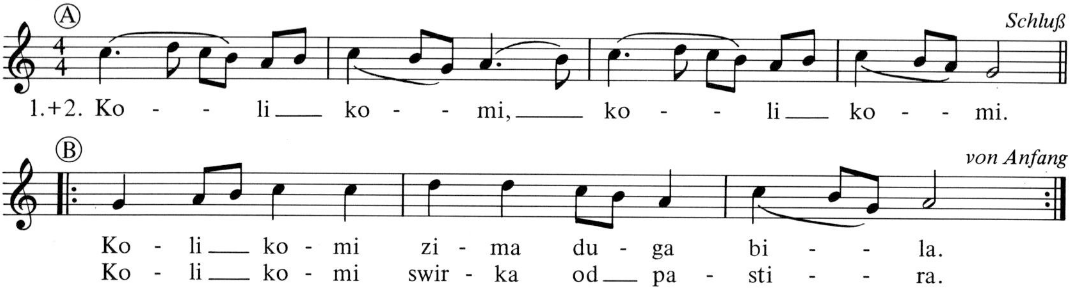

1. Wie mir der Winter lang war!
2. Wie mir das Spielen der Hirtenflöte fehlte!

Dazu:

Xylophone

Metallophone

Text und Melodie: aus Montenegro, deutsche Textübertragung: Brigitte Lentze, Begleitung: Horst Weber; aus „Die Welt im Lied",

Es geht eine helle Flöte 38

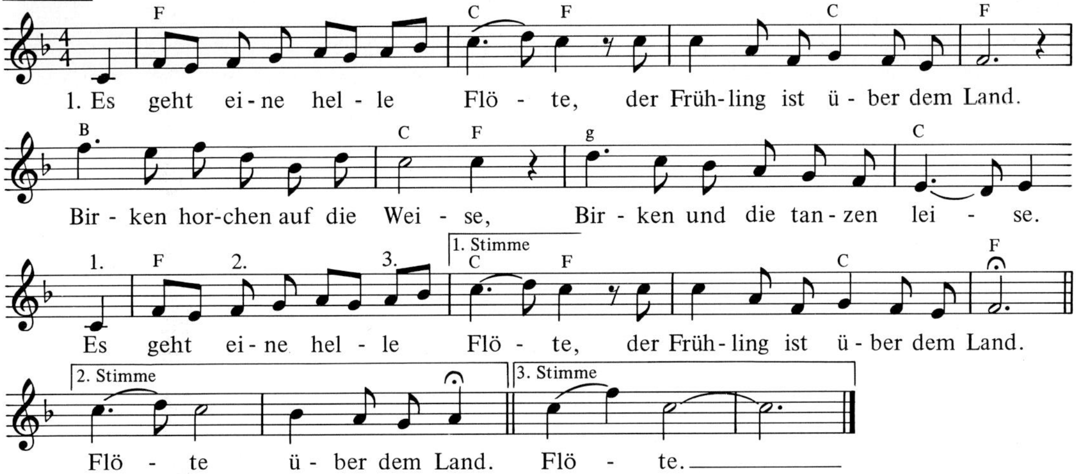

2. Es geht eine helle Flöte, der Frühling ist über dem Land.
Warten da drei rote Buchen, wollen auch den Tanz versuchen. Es geht eine helle Flöte ...

3. Es geht eine helle Flöte, der Frühling ist über dem Land.
Und der Bach, der hört das Singen, wild und polternd muß er springen. Es geht eine helle Flöte ...

4. Es geht eine helle Flöte, der Sommer ist über dem Land.
Tausend Halme zitternd stehen, hören sie die Flöte gehen. Es geht eine helle Flöte ...

Text und Melodie: Hans Baumann (geb. 1914); aus „Die helle Flöte", © Möseler Verlag, Wolfenbüttel.

Es tönen die Lieder (Quodlibet) 39

Text und Melodie: „Es tönen die Lieder": volkstümlich.
„Singt ein Vogel" und Quodlibet: Heinz Lau (1925-1975); aus „Das Singende Jahr" A, © Möseler Verlag, Wolfenbüttel.

Der Winter ist vorüber 40

2. Da droben im Gebirge ist aller Schnee zertaut,
der alte Schelm, der Kuckuck, schaut, wo ein Nest gebaut.
Kuckuck, Kuckuck, ist aller Schnee ...

3. Die Schöne hinterm Fenster schaut sich die Augen aus
und hofft, daß ihr der Kuckuck den Liebsten bringt nach Haus.
Kuckuck, Kuckuck, schaut sich die Augen aus ...

4. Der Mai, der liebe Maien, das ist die beste Zeit,
er läßt die Liebe blühen, sobald der Kuckuck schreit.
Kuckuck, Kuckuck, das ist die beste Zeit ...

2. Lassù per le montagne, la neve non c'è più,
comincia a far' il nido il povero cucù.
Cucù, cucù, la neve ...

3. La bella alla finestra la guarda in su è in giù,
aspetta il fidanzato al canto del cucù.
Cucù, cucù, la guarda ...

4. Te l'ho pur sempre detto che maggio ha la virtù
di far sentire l'amore al canto del cucù.
Cucù, cucù, che maggio ...

Text und Melodie: aus dem Tessin, deutscher Text: Hans Baumann (geb. 1914), Satz: Willi Gohl (geb. 1925); aus „Musik auf der Oberstufe",

Kirschblüte 41

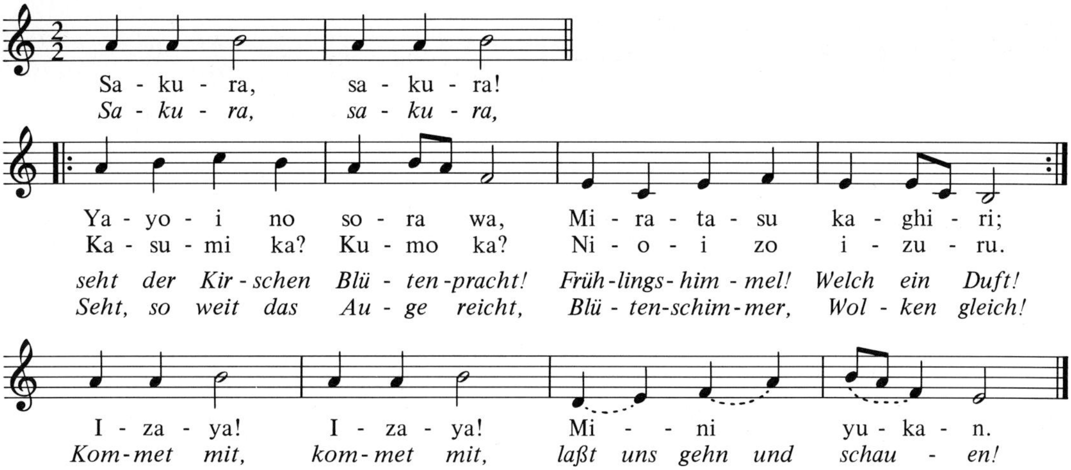

Aussprache: r = l
z = s (stimmhaft)
y = j

Dazu Instrumente:

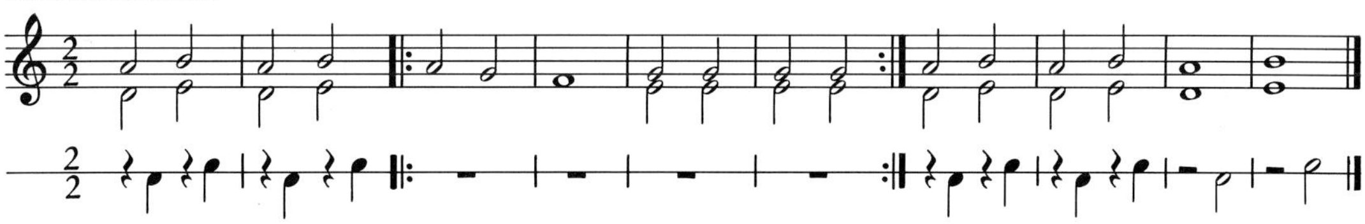

Text und Melodie: aus Japan, deutsche Fassung: Rosemarie Hartmann, Begleitung: Richard Rudolf Klein (geb. 1921); aus „Die Welt im Lied“,

felba
pfelbau
apfelbaum
pfelbau
elb
l
l
l
l
l
elb

felba
pfelbau
apfelbaum
pfelbau
elb
l l l l l

schatten

Guntram Wriedt,

Der Winter ist vergangen

42

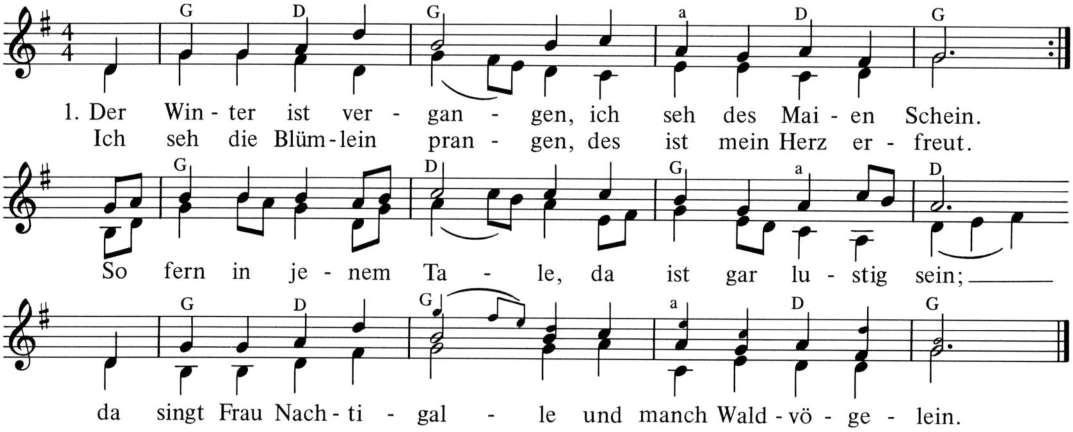

2. Ich geh den Mai zu hauen hin durch das grüne Gras,
schenk meinem Buhl die Treue, die mir die Liebste was,
und bitt, daß sie mag kommen und an dem Fenster stahn,
empfang'n den Mai mit Blumen, er ist gar wohlgetan.

3. Ade, mein Allerliebste, ade, schön Blümlein fein,
ade, schön Rosenblume: es muß geschieden sein.
Bis daß ich wiederkomme, bleibst du die Liebste mein;
das Herz in meinem Leibe gehört ja allzeit dein.

Text: Niederländisches Volkslied, hier nach der Weimarer Handschrift 1537, Melodie: Thysius' Lautenbuch um 1600, Satz: Karl Aichele (1890–1980); aus „Unser Liederbuch 2", © Metzler Verlag, Stuttgart.

Der Mai, der lustige Mai

43

2. Der Mai, der Mai, der lustige Mai erfreuet jedes Herze.
Ich spring in den Reih'(e)n und freue mich dabei und sing und spring und scherze.

Text und Melodie: aus dem Siebengebirge, Satz: Bernhard Binkowski (geb. 1912); aus „Musik um uns, Unser Liederbuch",
© Metzler Verlag, Stuttgart.

Die beste Zeit 44

2. Voran die liebe Nachtigall
macht alles fröhlich überall
mit ihrem lieblichen Gesang,
des muß sie haben immer Dank.

3. Viel mehr der liebe Herre Gott,
der sie also geschaffen hat,
zu sein die rechte Sängerin,
der Musika ein Meisterin.

4. Dem singt und springt sie Tag und Nacht,
seins Lobes sie nicht müde macht,
den ehrt und lobt auch mein Gesang
und sagt ihm ewiglichen Dank.

Text: Martin Luther (1483–1546), Melodie: 1544 (Gesangbuch der Böhmischen Brüder), Satz: Klaus Wolf, © Klett Verlag, Stuttgart.

Grüß Gott, du schöner Maien 45

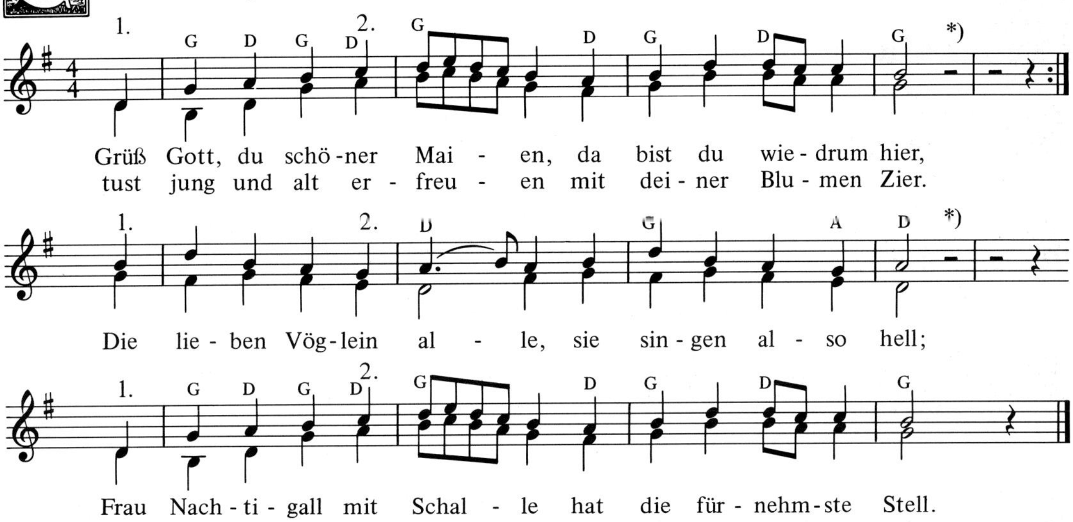

*) Die halben Pausen gelten für den vierstimmigen Kanonsatz.

Text und Melodie: 16. Jahrhundert, Satz: Johann Jakob Schäublin (1822–1901).

Sonne im Mai

46

Vorschlag zum Begleiten mit Instrumenten:

Deutscher Text: Kurt Sydow, Melodie: aus England, Instrumentalsatz: Klaus Wolf,

Komm, lieber Mai

47

2. Ach wenn's doch erst gelinder und grüner draußen wär!
Komm, lieber Mai, wir Kinder, wir bitten dich gar sehr!
O komm und bring vor allem uns viele Veilchen mit,
bring auch viel Nachtigallen und schöne Kuckucks mit!

Dem Original von Wolfgang Amadeus Mozart wurde eine 2. Singstimme hinzugefügt.

Text: Christian Adolf Overbeck (1755–1821), Melodie und Satz: W. A. Mozart (1756–1791), 2. Stimme: Klaus Wolf.

Lachend kommt der Sommer 48

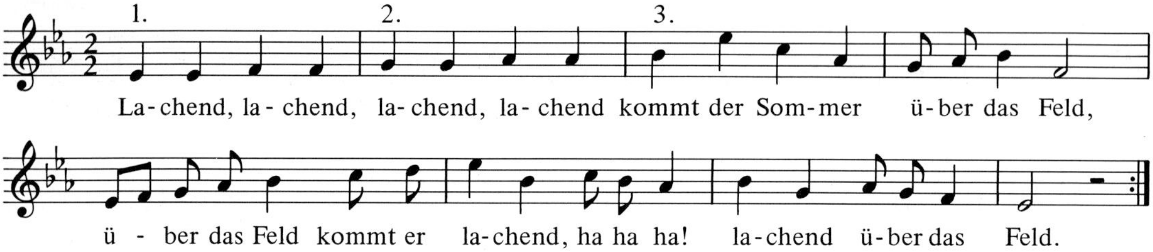

Text und Melodie: Cesar Bresgen (geb. 1913), © Voggenreiter Verlag, Bad Godesberg.

Who comes laughing 49

Text und Melodie: aus England.

I like the flowers 50

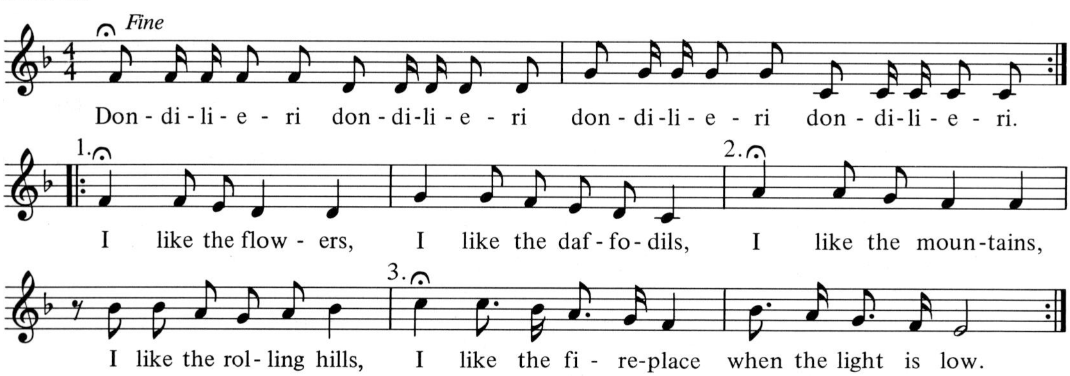

Text und Melodie: mündlich überliefert.

Hab mir gemacht eine Weidenpfeife 51

2. Im Walde spiel ich am Sommerabend, einem schönen Sommerabend.
Hei! Fein und hell klingt meine Weidenpfeife
in den schönen Sommerabend.

3. Läuten und klingen der Kühe Glocken, rein und schön der Kühe Glocken.
Hei! Fein und hell klingt meine Weidenpfeife
und mit ihr der Kühe Glocken.

Text und Melodie: aus Finnland, deutscher Text: Hermann Wagner, aus „Das Lied zum Unterricht“, © Voggenreiter Verlag, Bad Godesberg.

Wer nur den lieben langen Tag 52

2. Bist du ein fleißiger Gesell voller Lust, voller Leben,
dann schwinge dich so schnell, wie du kannst, auf dein Pferd!
Findst du kein Roß für deinen Plan, keinen Wagen, keine Bahn,
dann lauf, was die Sohle hält, zu uns in die Welt,
denn wir brauchen dich, fürwahr, in der fröhlichen Schar.

Text und Melodie: Jens Rohwer (geb. 1914), aus „Das Wunschlied“, © Möseler Verlag, Wolfenbüttel.

Die Forelle

Etwas lebhaft
p
dim.
pp
leicht
1. In ei-nem Bächlein hel - le, da schoß in fro-her Eil die lau-ni-sche Fo -
2. Ein Fi-scher mit der Ru - te wohl an dem U-fer stand, und sah's mit kaltem
rel - le vor-ü - ber wie ein Pfeil. Ich stand an dem Ge-sta - de und
Blu - te, wie sich das Fisch-lein wand. So lang dem Was-ser Hel - le, so
dim.
sah in sü-ßer Ruh des mun-tern Fischleins Ba - de im kla - ren Bächlein
dacht ich, nicht ge-bricht, so fängt er die Fo-rel - le mit sei - ner An-gel
dim.
zu, des mun-tern Fisch-leins Ba - de im kla - ren Bächlein zu.
nicht, so fängt er die Fo-rel - le mit sei - ner An-gel nicht.

Text: Christian Friedrich Daniel Schubart (1739–1791), Musik: Franz Schubert (1797–1828).

Summertime

54

poco rit.
a tempo
D9 C5+ a6 E7 a6 E7 a6 E7 a6 E7 a6
One of these morn-in's You goin' to rise up sing - in'. Then you'll
d F F7+ Dis° E H7 E e6 E7 5-
spread yo' wings an' you'll take the sky. But till that
a6 E7 a6 E7 a6 E7 a D7
morn - in' there's a noth - in' can harm you with
C a D d7 a
Dad - dy an' Mam - my stand - in' by.
C6 F9 B E7 a a6
dim.
ten.
morendo
mp
8va

Heut soll das große Flachsernten sein

55

Vor- und Zwischenspiel

2. Heut soll das große Flachshecheln sein,
   den raufen wir und hecheln gar fein.
   Dann nähen wir uns …

3. Heut soll das große Flachsspinnen sein,
   den spinnen wir und weben gar fein.
   Dann nähen wir uns …

4. Heut soll das große Leineweben sein,
   weil wir den Flachs gesponnen gar fein.
   Dann nähen wir uns …

5. Heut soll für uns ein Freudentag sein,
   weil uns gelang die Arbeit so fein.
   Heut soll für uns ein Freudentag sein,
   schwinget euch froh zum Tanze. Dum …

Text und Melodie: aus Schweden, Satz: Klaus Wolf,

Viel Freuden mit sich bringet

56

2. Des Nachts, wenn ist vorüber all andrer Vöglein G'sang,
so schwingt sie ihr Gefieder und fängt mit lautem Klang
bald auf das neu recht an zu schrein, bis daß anbricht der Tag;
ihr wunderschöne Melodein kein Mensch beschreiben mag.

3. Mit ihrem schönen Singen bewegt sie manchem sein Herz,
daß er vor Freud möcht springen, das sag ich ohn allen Scherz;
denn unter alln Waldvögelein, sein groß sie oder klein,
ihr keines jemals gleich tut sein, der Ruhm bleibt ihr allein.

4. Ihr schöne Stimm und Weise man ehret überall;
drum ich sie jetzt auch preise, die edle Nachtigall.
Mit lieblichem und süßem Ton bringt sie all Sachen für,
ihr seltsam schön Gedicht sie ziert auf dieser Erden hier.

Text und Melodie: Christoph Demantius (1567-1643).

Ich stehe in Waldesschatten

57

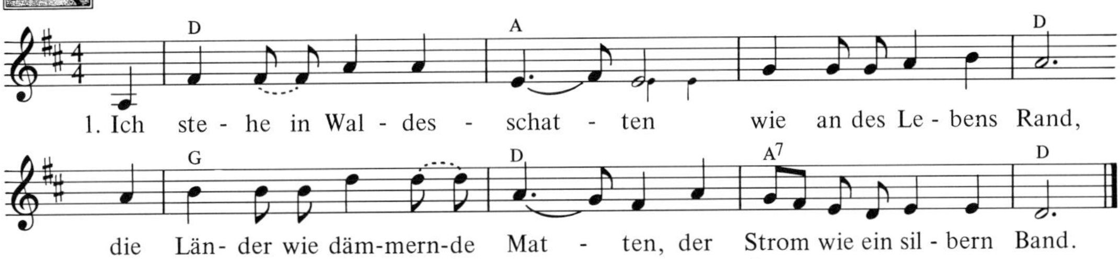

2. Von fern nur schlagen die Glocken über die Wälder herein,
ein Reh hebt den Kopf erschrocken und schlummert gleich wieder ein.

3. Der Wald aber rühret die Wipfel im Traum von der Felsenwand;
denn der Herr geht über die Gipfel und segnet das stille Land.

Text: Joseph Freiherr von Eichendorff (1788-1857), Melodie: Franz Biebl, aus „Der Grünschnabel", © Voggenreiter Verlag, Bad Godesberg.

Auf, auf, zum fröhlichen Jagen

58

2. Frühmorgens, als der Jäger in grünen Wald nein kam,
da sah er mit Vergnügen das schöne Wildbret an.
Die Gamslein, Paar um Paare, sie kommen von weit her,
die Rehe und das Hirschlein, das schöne Wildbret schwer.

3. Das edle Jägerleben vergnüget meine Brust,
dem Wilde nachzustreifen ist meine höchste Lust.
Wo Reh und Hirsche springen, wo Rohr und Büchse knallt,
wo Jägerhörner klingen, da ist mein Aufenthalt.

Text: nach Gottfried Benjamin Hanke (1724), Melodie: aus Kärnten (1866), Satz: Cesar Bresgen (geb. 1913), © Voggenreiter Verlag, Bad Godesberg.

Die Hörner rufen

D. G. Türk (1756–1813), aus „Musizierbuch", © Möseler Verlag, Wolfenbüttel.

He, ho! 59

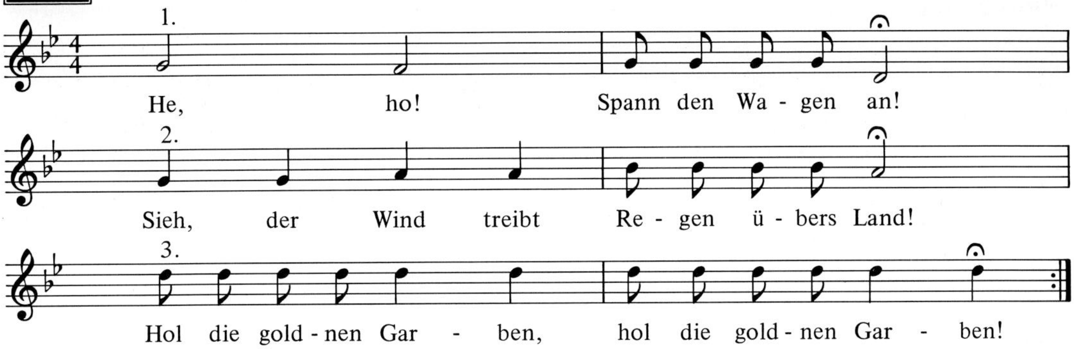

Text und Melodie: aus England.

Wie lustig ist's 60

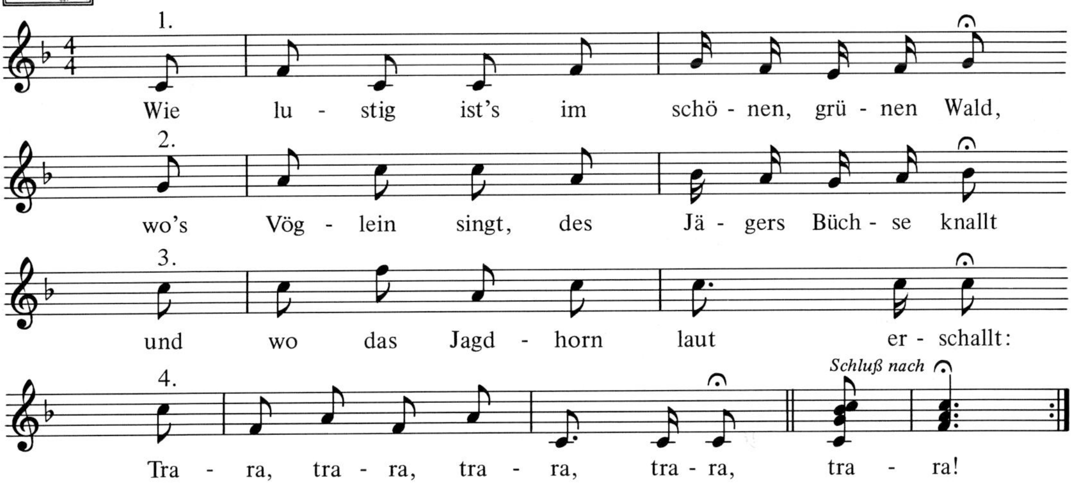

Text und Melodie: Walter Hensel (1887–1956); aus „Spinnerin Lob und Dank", © Bärenreiter Verlag, Kassel.

Trara, das tönt wie Jagdgesang 61

Text und Melodie: volkstümlich.

Ein Jäger längs dem Weiher ging

2. Was raschelt in dem Grase dort?
Was flüstert leise fort und fort?

3. Was ist das für ein Untier doch?
Hat Ohren wie ein Blocksberg hoch!

4. Das muß fürwahr ein Kobold sein!
Hat Augen wie Karfunkelstein!

5. Der Jäger furchtsam um sich schaut.
„Jetzt will ich's wagen, – o mir graut!"

6. „O Jäger, laß die Büchse ruhn,
das Tier könnt dir ein Leides tun!"

7. Der Jäger lief zum Wald hinaus,
verkroch sich flink im Jägerhaus.

8. Das Häschen spielt im Mondenschein,
ihm leuchten froh die Äugelein.

Text und Melodie: vom Niederrhein, Satz: Hans Lang (1897-1968),

The Keeper would a hunting go 63

2. The first doe he shot at he missed;
the second doe he trimmed he kissed;
the third doe went where nobody wist
among the leaves so green, o.
Jackie boy ...

3. The fourth doe she did cross the plain;
the keeper fetched her back again;
where she is now she may remain
among the leaves so green, o.
Jackie boy ...

4. The fift doe she did cross the brook;
the keeper fetched her back with his crook;
where she is now you must go and look
among the leaves so green, o.
Jackie boy ...

5. The sixth doe she ran over the plain;
but he with hounds did turn her again,
and it's there he did hunt in a merry merry vein
among the leaves so green, o.
Jackie boy ...

Bei Ziffer 1 und 2 Wechselgesang von Chorgruppe 1 und 2.

Text und Melodie: aus England (Warwickshire).

Bunt sind schon die Wälder 64

2. Wie die volle Traube aus dem Rosenlaube purpurfarbig strahlt!
Am Geländer reifen Pfirsiche, mit Streifen rot und weiß bemalt.

3. Geige tönt und Flöte bei der Abendröte und im Mondesglanz.
Junge Winzerinnen winken und beginnen ihren Erntetanz.

Text: Johann Gaudenz von Salis-Seewis (1762–1834), Melodie: Johann Friedrich Reichardt (1752–1814), Satz: Bernhard Binkowski (geb. 1912),

Herbst

Die Blätter fallen, fallen wie von weit,
als welkten in den Himmeln ferne Gärten;
sie fallen mit verneinender Gebärde.

Und in den Nächten fällt die schwere Erde
aus allen Sternen in die Einsamkeit.

Wir alle fallen. Diese Hand da fällt.
Und sieh dir andre an: es ist in allen.

Und doch ist Einer, welcher dieses Fallen
unendlich sanft in seinen Händen hält.

Rainer Maria Rilke (1875–1926); aus „Das Buch der Bilder“,

Der Totentanz

65

2. Das reckt nun, es will sich ergetzen sogleich,
die Knöchel zur Runde, zum Kranze,
so arm und so jung und so alt und so reich;
doch hindern die Schleppen am Tanze.
Und weil hier die Scham nun nicht weiter gebeut,
sie schütteln sich alle, da liegen zerstreut
die Hemdelein über den Hügeln.

3. Nun hebt sich der Schenkel, nun wackelt das Bein,
Gebärden da gibt es vertrackte;
dann klippert's und klappert's mitunter hinein,
als schlüg' man die Hölzlein zum Takte.
Das kommt nun dem Türmer so lächerlich vor:
da raunt ihm der Schalk, der Versucher, ins Ohr:
„Geh, hole dir einen der Laken!"

4. Getan wie gedacht! und er flüchtet sich schnell
nun hinter geheiligte Türen.
Der Mond, und noch immer er scheinet so hell
zum Tanz, den sie schauderlich führen.
Da endlich verlieret sich dieser und der,
schleicht eins nach dem andern gekleidet einher,
und husch! ist es unter dem Rasen.

5. Nur einer, der trippelt und stolpert zuletzt
und tappet und grapst an den Grüften;
doch hat kein Geselle so schwer ihn verletzt;
er wittert das Tuch in den Lüften.
Er rüttelt die Turmtür, sie schlägt ihn zurück,
geziert und gesegnet, dem Türmer zum Glück,
sie blinkt von metallenen Kreuzen.

6. Das Hemd muß er haben, da rastet er nicht,
da gilt auch kein langes Besinnen;
den gotischen Zierat ergreift nun der Wicht
und klettert von Zinne zu Zinnen.
Nun ist's um den Armen, den Türmer getan!
Es ruckt sich von Schnörkel zu Schnörkel hinan,
langbeinigen Spinnen vergleichbar.

7. Der Türmer erbleichet, der Türmer erbebt,
gern gäb' er ihn wieder, den Laken.
Da häkelt – jetzt hat er am längsten gelebt –
den Zipfel ein eiserner Zacken.
Schon trübet der Mond sich verschwindenden Scheins,
die Glocke, sie donnert ein mächtiges Eins,
und unten zerschellt das Gerippe.

Text: Johann Wolfgang von Goethe (1749–1832), Melodie: Karl Friedrich Zelter (1758–1832).

Erlkönig 66

Schnell und schaurig
1. Wer rei - tet so spät durch Nacht und Wind? Es ist der
2. „Mein Sohn, was birgst du so bang dein Ge - sicht?“ „Siehst, Va - ter,
4. „Mein Va - ter, mein Va - ter, und hö - rest du nicht, was Er - len -
6. „Mein Va - ter, mein Va - ter und siehst du nicht dort Erl - kö - nigs
8. Dem Va - ter grau - set's er rei - tet ge - schwind, er hält in den
1. Va - ter mit sei - nem Kind. Er hat den Kna - ben wohl
2. du den Erl - kö - nig nicht? Den Er - len - kö - nig mit
4. kö - nig mir lei - se ver - spricht?“ „Sei ru - hig, blei - be
6. Töch - ter am dü - stern Ort?“ „Mein Sohn, mein Sohn, ich
8. Ar - men das äch - zen - de Kind, er - reicht den Hof mit
1. in dem Arm, er faßt ihn si - cher, er hält ihn warm.
2. Kron' und Schweif?“ „Mein Sohn, es ist ein Ne - bel - streif.“
4. ru - hig, mein Kind, in dür - ren Blät - tern säu - selt der Wind!“
6. seh es ge - nau: es schei - nen die al - ten Wei - den so grau.“
8. Mü - he und Not, in sei - nen Ar - men das Kind war tot.
3. „Du lie - bes Kind, komm geh mit mir! Gar schö - ne
5. „Willst, fei - ner Kna - be, du mit mir gehn? Mei - ne Töch - ter
7. „Ich lieb' dich, mich reizt dei - ne schö - ne Ge - stalt, und bist du nicht

Text: Johann Wolfgang von Goethe (1749–1832), Melodie und Satz: Johann Friedrich Reichardt (1752–1814).

Jingle bells 67

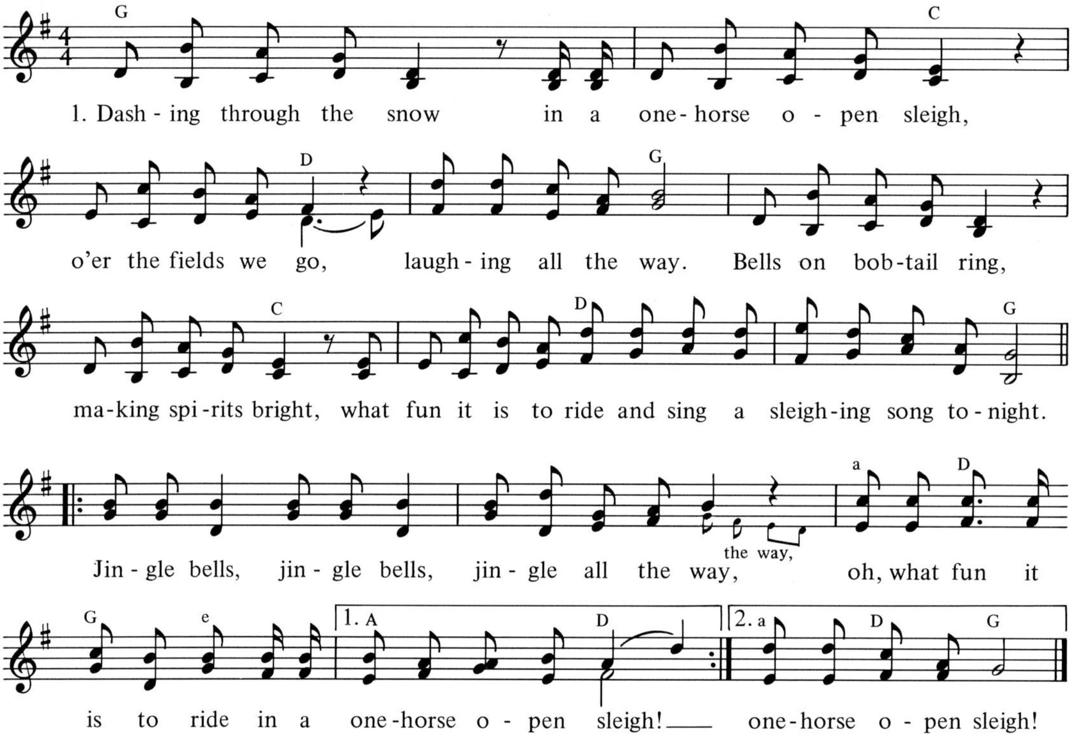

2. A day or two ago I thought I'd take a ride,
and soon Miss Fanny Bright was seated by my side.
The horse was lean and lank, misfortune seemed his lot,
he got into a drifted bank and we, we got upsot. Jingle bells ...

3. Now the ground is white, go it while you're young;
take the girls tonight, and sing this sleighing song.
Just get a bobtailed bay, two forty for his speed,
then hitch him to an open sleigh, and crack! you'll take the lead. ...

Text und Melodie: aus den USA, Satz: Klaus Wolf, ©Klett Verlag, Stuttgart.

Himmel und Erde 68

Text und Melodie: volkstümlich.

Wandern und fahren

69

Text und Melodie: mündlich überliefert.

Das Wandern ist des Müllers Lust 70

2. Vom Wasser haben wir's gelernt,
vom Wasser:
Das hat nicht Rast bei Tag und Nacht,
ist stets auf Wanderschaft bedacht,
das Wasser.

3. Das sehn wir auch den Rädern ab,
den Rädern:
Die gar nicht gerne stille stehn,
die sich mein Tag nicht müde drehn,
die Räder.

4. Die Steine selbst, so schwer sie sind,
die Steine,
sie tanzen mit den muntern Reih'n
und wollen gar noch schneller sein,
die Steine.

5. O Wandern, Wandern meine Lust,
o Wandern!
Herr Meister und Frau Meisterin,
laßt mich in Frieden weiter ziehn
und wandern.

Text: Wilhelm Müller (1794-1827), Melodie: Carl Zöllner (1792-1836), Satz: Klaus Wolf,

Hoch auf dem gelben Wagen 71

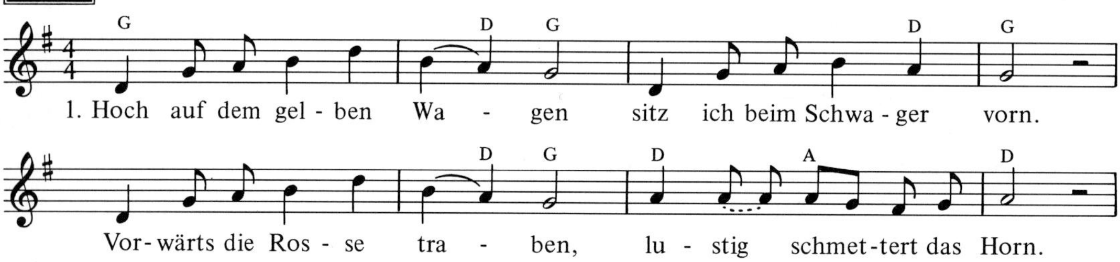

2. Postillion in der Schänke füttert die Rosse im Flug.
Schäumendes Gerstengetränke reicht mir der Wirt im Krug.
Hinter den Fensterscheiben lacht ein Gesicht so hold.
Ich möchte so gerne noch bleiben, aber der Wagen, der rollt.

3. Flöten hör ich und Geigen, lustiges Baßgebrumm.
Junges Volk im Reigen tanzt um die Linde herum,
wirbelt wie Blätter im Winde, jauchzt und lacht und tollt.
Ich bliebe so gern bei der Linde, aber der Wagen, der rollt.

4. Sitzt einmal ein Gerippe dort bei dem Schwager vorn,
schwingt statt der Peitsche die Hippe, Stundenglas statt Horn,
sag ich: Ade nun, ihr Lieben, die ihr nicht mitfahren wollt,
ich wär ja so gern noch geblieben, aber der Wagen, der rollt.

Text: Rudolf Baumbach (1840-1915), Melodie: Heinz Höhne,

Jetzt fahrn wir übern See 72

2. Und als wir drüber warn, da sangen alle Vöglein,
der helle Tag brach an.

3. Der Jäger blies ins Horn, da bliesen alle Jäger,
ein jeder in sein Horn.

4. Das Liedlein, das ist aus, und wer das Lied nicht singen kann,
der fang von vorne an.

Text und Melodie: traditionell (1825).

Auf, du junger Wandersmann

73

2. An dem schönen Donaufluß findet man ja seine Lust
und seine Freud auf grüner Heid,
wo die Vöglein lieblich singen und die Hirschlein fröhlich springen;
dann kommt man vor eine Stadt, wo man gute Arbeit hat.

3. Mancher hinterm Ofen sitzt und gar fein die Ohren spitzt,
kein Stund für's Haus ist kommen aus;
den soll man als G'sell erkennen oder gar ein Meister nennen,
der noch nirgends ist gewest, nur gesessen in sei'm Nest?

4. Mancher hat auf seiner Reis ausgestanden Müh und Schweiß
und Not und Pein, das muß so sein:
trägt's Felleisen auf dem Rücken, trägt es über tausend Brücken,
bis er kommt nach Innsbruck 'ein, wo man trinkt Tirolerwein.

5. Morgens, wenn der Tag angeht und die Sonn am Himmel steht
so herrlich rot wie Milch und Blut:
auf, ihr Brüder, laßt uns reisen, unserm Herrgott Dank erweisen
für die fröhlich Wanderzeit, hier und in die Ewigkeit!

Textfassung: Walter Hensel (1887-1956), Melodie: aus Franken, 19. Jahrhundert, *Satz: Klaus Wolf,*

Schön ist die Welt

74

2. Wir sind nicht stolz, wir brauchen keine Pferde, die uns von dannen ziehn.
3. Wir steig'n hinauf auf Berge und auf Hügel, wo uns die Sonne sticht.
4. Wir laben uns an jeder Felsenquelle, wo frisches Wasser fließt.
5. Wir reisen fort von einer Stadt zur andern, wo uns die Luft gefällt.

Text und Melodie: volkstümlich.

Als wir jüngst in Regensburg waren 75

2. Und vom hohen Bergesschlosse
kam auf stolzem, schwarzem Rosse
adlig Fräulein Kunigund,
wollt mitfahren über Strudels Grund.
Ja, die schwäbischen ...

3. „Schiffsmann, lieber Schiffsmann mein,
soll's denn so gefährlich sein?
Schiffsmann, sag mir's ehrlich,
ist's denn wirklich so gefährlich?"
Ja, die schwäbischen ...

4. „Wem der Myrtenkranz geblieben,
landet froh und sicher drüben;
wer ihn hat verloren,
ist dem Tod erkoren."
Ja, die schwäbischen ...

5. Als sie auf die Mitt gekommen,
kam ein großer Nix geschwommen,
nahm das Fräulein Kunigund,
fuhr mit ihr in des Strudels Grund.
Ja, die schwäbischen ...

6. Und ein Mädel von zwölf Jahren
ist mit über den Strudel gefahren;
weil sie noch nicht lieben kunnt,
fuhr sie sicher über Strudels Grund.
Ja, die schwäbischen ...

Text und Melodie: traditionell, 18. Jahrhundert, Satz Klaus Wolf,

Wohlan die Zeit ist kommen

76

2. In meines Vaters Garten,
da stehn viel schöne Blum, ja Blum,
drei Jahr muß ich noch warten,
drei Jahr sind bald herum.

3. Du glaubst, du wärst die Schönste,
wohl auf der ganzen Welt, ja Welt,
und auch die Angenehmste,
ist aber weit gefehlt.

4. Der Kaiser streit fürs Ländle,
der Herzog für sein Geld, ja Geld,
und ich streit für mein Schätzle,
solang es mir gefällt.

5. Solang ich leb auf Erden,
sollst du mein Trimple-Trample sein,
und wenn ich einst gestorben bin,
so trampelst hinterdrein.

Text: traditionell, 18. Jahrhundert, Melodie: traditionell, 19. Jahrhundert, Satz: Klaus Wolf,

Es, es, es und es

77

2. Er, er, er und er, Herr Meister, leb er wohl!
Ich sag's ihm grad frei ins Gesicht,
seine Arbeit, die gefällt mir nicht.

3. Sie, sie, sie und sie, Frau Meistrin, leb sie wohl!
Ich sag ihr grad frei ins Gesicht,
ihr Speck und Kraut, das schmeckt mir nicht.

4. Ihr, ihr, ihr und ihr, ihr Jungfern, lebet wohl!
Ich wünsche euch zu guter Letzt
ein Andern, der meine Stell ersetzt.

5. Ihr, ihr, ihr und ihr, ihr Brüder lebet wohl!
Hab ich euch was zu Leid getan,
so bitt ich um Verzeihung an.

Text und Melodie: traditionell (1826), Satz: Hans Peter Banholzer, © Klett Verlag, Stuttgart.

Wanderlied der Prager Studenten 78

2. Nachts wir durchs Städtlein schweifen,
die Fenster schimmern weit,
am Fenster drehn und schleifen
viel schön geputzte Leut.
Wir blasen vor den Türen
und haben Durst genug,
das kommt vom Musizieren,
Herr Wirt, ein'n frischen Trunk!
Und siehe, über ein kleines
mit einer Kanne Weines
venit ex sua domo
beatus ille homo![2]

3. Nun weht schon durch die Wälder
der kalte Boreas,
wir streichen durch die Felder
von Schnee und Regen naß,
der Mantel fliegt im Winde,
zerrissen sind die Schuh,
da blasen wir geschwinde
und singen noch dazu:
Beatus ille homo,
qui sedet in sua domo
et sedet post fornacem
et habet bonam pacem![3]

1) Und seinen Frieden habe, wer hinterm Ofen hockt!
2) Jener glückliche Mann kommt aus seinem Hause.
3) Glücklich ist der zu preisen, der in seinem Hause und hinter dem Ofen sitzt und den guten Frieden hat.

Text: Joseph von Eichendorff (1788-1827), Melodie: 1. Teil nach einem Jagdlied (um 1700), 2. Teil vor 1847, Satz: Karl Marx (1897-1985), © Fidula Verlag, Boppard.

Wem Gott will rechte Gunst erweisen

79

2. Die Trägen, die zu Hause liegen, erquicket nicht das Morgenrot;
sie wissen nur vom Kinderwiegen, von Sorgen, Last und Not um Brot.

3. Die Bächlein von den Bergen springen, die Lerchen schwirren hoch vor Lust;
was sollt ich nicht mit ihnen singen aus voller Kehl und frischer Brust?

4. Den lieben Gott laß ich nur walten; der Bächlein, Lerchen, Wald und Feld
und Erd und Himmel will erhalten, hat auch mein Sach aufs best bestellt.

Text: Joseph Freiherr von Eichendorff (1788-1857), Melodie: Theodor Fröhlich (1803-1836).

Hamborger Veermaster

80

2. Dat Deck weer von Isen, vull Schiet un vull Schmeer,
dat weer de Schietgäng ehr schönste Pläseer.

3. Dat Logis weer vull Wanzen, de Kombüüs weer vull Dreck,
de Beschüten de löpen von sülben all weg!

4. Dat Soltfleesch weer gröön un de Speck weer vull Maden,
Kööm geew dat blooß an'n Wiehnachtsabend.

5. Un wull'n wi mol seil'n, ick segg dat jo nur,
denn lööp he dree vörut und veer werrer retur.

6. As dat Schipp, so weer ok de Kaptein,
de Lüüd för dat Schipp wörrn ok blooß schanghait.

Veermaster	= Viermaster
to my howday (to me hoodah)	= an meinem Festtag
blow, boys	= strengt euch an, Jungs
Schietgäng	= Schrubbkommando
Bschüten	= Schiffszwieback (Dauerbrot)
all	= schon
Soltfleesch	= Salzfleisch
Kööm	= Branntwein (Kümmelbranntwein)
seilen	= segeln
dree vörut	= drei voraus
werrer (wedder)	= wieder
schanghait	= heimtückisch angeworben

Text und Melodie: Shanty (1849).

Ich komme schon durch manches Land 81

2. Ich hab gesehn gar manchen Herrn, avec que la marmotte,
der hat die Jungfrau gar zu gern, avec que la marmotte. Avec que si ...

3. Hab auch gesehn die Jungfer schön, avec que la marmotte,
die täte nach mir Kleinem sehn, avec que la marmotte ...

4. Nun laßt mich nicht so gehn, ihr Herrn, avec que la marmotte,
die Burschen essen und trinken gern, avec que la marmotte ...

La marmotte = Murmeltier

Text: Johann Wolfgang von Goethe (1749-1832), Melodie: Ludwig van Beethoven (1770-1827).

Air russe

Ludwig van Beethoven (1770-1827), Op.107, Nr.7, „Variierte Themen für Klavier“, Edition Peters, Frankfurt. Die russische Volksmelodie wurde in der Textfassung „Schöne Minka“ von Christoph August Tiedge (1808) bekannt. *Siehe auch Seite 250.*

Drunten im Unterland

82

2. Drunten im Neckartal, da ist's halt gut.
Ist mer's da oben'rum manchmal au no so dumm,
han i doch alleweil drunten gut's Blut.

3. Kalt ist's im Oberland, drunten ist's warm;
oben sind d'Leut so reich, d'Herzen sind garnet weich,
b'sehn mi net freundlich an, werdet net warm.

4. Aber da unten'rum, da sind d'Leut arm,
aber so froh und frei, und in der Liebe treu;
drum sind im Unterland d'Herzen so warm.

Text: Gottfried Weigle 1835, Melodie: Schwäbisches Volkslied (19. Jahrhundert), Satz: Klaus Wolf, *© Klett Verlag, Stuttgart.*

Blankensteinhusar

83

2. Das Roß, das mir mein Vater gab, ist all mein Gut, ist all mein Hab, sein Heimat ist Magyar.
Es ist geschwind als wie der Wind, wie alle Heldenpferde sind vom Blankensteinhusar.

3. Ein Saraß aus dem Türkenkrieg, der mir vom Urgroßvater blieb, geschliffen in Magyar.
Gar mancher mußt ihn spüren schon, gar mancher lief vor ihm davon, vorm Blankensteinhusar.

Text und Melodie: mündlich überliefert.

Magyar = Ungarn

Drei Zigeuner

84

2. Hielt der eine für sich allein
in den Händen die Fiedel,
spielte, umglüht vom Abendschein,
sich ein feuriges Liedel.

3. Hielt der zweite die Pfeif im Mund,
blickte nach seinem Rauche,
froh, als ob er vom Erdenrund
nichts zum Glücke mehr brauche.

4. Und der dritte behaglich schlief,
und sein Cimbal am Baum hing,
über die Saiten der Windhauch lief,
über sein Herz ein Traum ging.

5. An den Kleidern trugen die drei
Löcher und bunte Flicken;
aber sie boten trotzig und frei
Spott den Erdengeschicken.

6. Dreifach haben sie mir gezeigt,
wenn das Leben uns nachtet,
wie man's verraucht, verschläft und vergeigt,
wie man es dreimal verachtet.

7. Nach den Zigeunern lang noch schaun
mußt ich im Weiterfahren,
nach den Gesichtern dunkelbraun,
den schwarzlockigen Haaren.

Text: Nikolaus Lenau (1802-1850), Melodie: Theodor Meyer-Steineg 1911.

Mich brennt's in meinen Reiseschuhn

85

2. Es hebt das Dach sich von dem Haus,
und die Kulissen rühren
und strecken sich zum Himmel raus,
Strom, Wälder musizieren!

3. Da gehn die einen müde fort,
die andern nahn behende,
das alte Stück, man spielt's so fort
und kriegt es nie zu Ende.

4. Und keiner kennt den letzten Akt
von allen, die da spielen,
nur der da oben schlägt den Takt,
weiß, wo das hin will zielen.

Nach jeder Strophe pfeifen oder singen

Text: Joseph von Eichendorff (1788-1857), Melodie und Zwischenspiel: Cesar Bresgen (geb. 1913); aus „Eichendorff-Lieder",

Wohlauf in Gottes schöne Welt

86

2. An meinem Wege fließt der Bach, lebe wohl, ade!
Der ruft den letzten Gruß mir nach, lebe wohl, ade!
Wie fremd wird all um mich das Land, hier war's, da ich dein Herze fand,
la ... und soll nun fort von dir.

3. Ein Gruß von dir, du schönes Kind, lebe wohl, ade!
Doch nun den Berg hinab geschwind, lebe wohl, ade!
Wer wandern will, der darf nicht stehn, der darf niemals nach hinten sehn,
la ... muß immer weiter gehn.

4. Du traute Stadt am Bergeshang, lebe wohl, ade!
Du hoher Turm, du Glockenklang, lebe wohl, ade!
Ihr Häuser alle wohl bekannt, noch einmal wink ich mit der Hand,
la ... und nun ins weite Land.

Text: Julius Rodenberg (1831-1914), Melodie und Satz: volkstümlich.

Aus grauer Städte Mauern

87

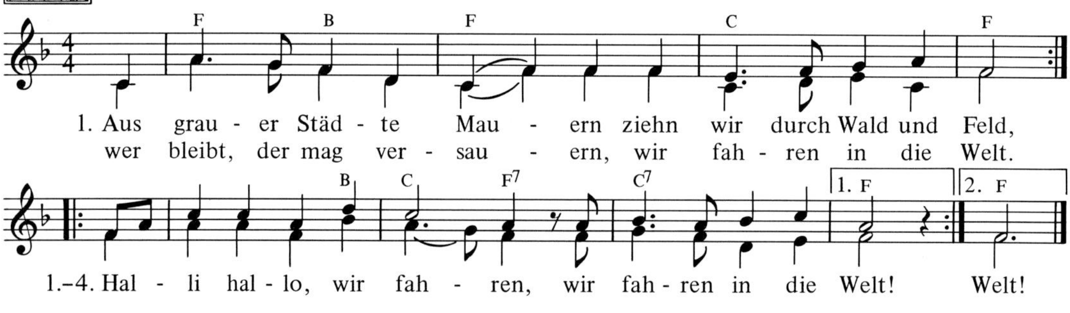

2. Der Wald ist unsre Liebe, der Himmel unser Zelt,
ob heiter oder trübe: wir fahren in die Welt. Halli ...

3. Ein Heil dem deutschen Walde, zu dem wir uns gesellt.
Hell klingt's durch Berg und Halde: wir fahren in die Welt. Halli ...

4. Die Sommervögel ziehen schon über Wald und Feld.
Da heißt es Abschied nehmen: wir fahren in die Welt. Halli ...

Text: 1.-3. Strophe Hans Riedel, 4. Strophe Hermann Löns (1866-1914), Melodie: Robert Götz (1921), aus „Unser fröhlicher Gesell",
© Voggenreiter Verlag, Bad Godesberg, Satz: volkstümlich.

Wohlauf, die Luft geht frisch und rein 88

2. Der Wald steht grün, die Jagd ist gut, schwer ist das Korn geraten,
sie können auf des Maines Flut die Schiffe kaum verladen.
Bald hebt sich auch das Herbsten an, die Kelter harrt des Weines,
der Winzer Schutzherr Kilian beschert uns etwas Feines. Valleri …

3. Zum heilgen Veit von Staffelstein bin ich emporgestiegen
und seh die Lande um den Main zu meinen Füßen liegen.
Von Bamberg bis zum Grabfeldgau umrahmen Berg und Hügel
die breite stromdurchglänzte Au; ich wollt, mir wüchsen Flügel! Valleri …

Text: Josef Viktor von Scheffel (1826-1886), gekürzt, Melodie: Valentin Eduard Becker (1814-1890).

Wenn die bunten Fahnen wehen 89

2. Sonnenschein ist unsre Wonne, wie er lacht am lichten Tag!
Doch es geht auch ohne Sonne, wenn sie uns nicht scheinen mag.
Blasen die Stürme, brausen die Wellen, singen wir mit dem Sturm unser Lied.

3. Wo die blauen Gipfel ragen, lockt so mancher steile Pfad.
Immer vorwärts ohne Zagen, bald sind wir dem Ziel genaht!
Schneefelder blinken, leuchten von ferne her, Lande versinken im Wolkenmeer.

Text und Melodie: Alfred Zschiesche (1933), © Schott Verlag, Mainz.

Wenn Jenny und Jonny verreisen 90

2. Wenn Jenny und Jonny verreisen,
dann reden sie ausländisch nur.
Sie sagen in Frisco und London,
in Hongkong und in Singapur:
How are you, how are you my bonny?
My Jonnyboy, hay is all auch okay?
So fragt dort die Jenny den Jonny.
My Jonnyboy, hay is all auch okay?
So fragt dort die Jenny den Jonny.

3. Wenn Jenny und Jonny verreisen,
dann reden sie ausländisch stets.
Sie sagen in Otschiwarongo,
in Isfahan, Dakar und Fez:
Bombingo, bombango, bombongo,
guygua, bingbong, kaukua, pingpong.
So reden die zwei auch im Kongo:
Guygua, bingbong, kaukua, pingpong.
So reden die zwei auch im Kongo.

4. Wenn Jenny und Jonny verreisen,
dann kommen sie wieder nach Haus.
Und sind sie in Wien oder Hamburg,
dann rufen die beiden dort aus:
Buon giorno, how are you, Papachen?
Avanti, hay, hay! Bombingo okay.
Und mischen vergnügt alle Sprachen.
Avanti, hay, hay! Bombingo okay.
Und mischen vergnügt alle Sprachen.

Text: James Krüss (geb. 1926), Melodie: Udo Jürgens (geb. 1934), *2. Stimme: Marianne Klemm (geb. 1947).*

Wenn Jenny und Jonny verreisen (Instrumentalsatz)

Instrumentalsatz: Marianne Klemm, © Klett Verlag, Stuttgart.

Ich reit auf einem Rößlein

2. Hätt ich nicht helle Augen, dazu ein lichtes Haar,
so tät manch einer glauben, ich sei von fremder Art.
Doch heb ich an zu schwätzen, merkt's jeder gleich mir ab:
du bist ja kein Metschagger, du bist ein Knöpflesschwab.

Metschagger = Ungar

3. Und sitz ich fest im Sattel, da schaun die Mägdlein drein.
„Das ist wohl eine Standsperson, der muß was Fürnehms sein."
Ja, ja, ich bin gestanden in Theb' und Temesvar
als Bäckergsell am Backtrog, wohl in die sieben Jahr.

4. Jetzt steig ich von dem Rößlein und laß das Traben sein,
nun will ich wieder bleiben im Schwabenländle fein.
Und wieder schwäbisch schwätze mit jung und alte Leut,
und Schwabemädle liebe, des hat noch keinen g'reut.

Text und Melodie: aus Schwaben.

Musette

Ein drittes Instrument hält das ganze Stück hindurch den Ton 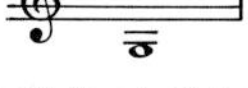

Johann Sebastian Bach (1685-1750), aus der „Englischen Suite Nr. 3", bearbeitet von Gerd Ochs; aus „Musizierbuch", Diesterweg, Frankfurt.

Wilder Reiter

Robert Schumann (1810-1856).

Swanee River

92

2. All up and down the whole creation, sadly I roam,
still longing for the old plantation, and for the old folks at home.

3. All 'round the little farm I wandered when I was young,
than many happy days I squander'd, many the songs I sung.

4. When I was playing with my brother, happy was I,
Oh, take me to my kind old mother, there let me live and die.

5. One little hut among the bushes, one that I love,
still sadly to my mem'ry rushes, no matter where I rove.

6. When shall I see the bees a-humming all round the comb?
When shall I hear the banjo strumming down in my good old home?

folks	= Freunde
dreary	= trübe, traurig
roam	= umherschweifen
a-humming	= summen
comb	= Bienenwabe

Text und Melodie: Stephen Foster (1826-1864), Satz: Hans-Peter Banholzer,

Yankee Doodle

Yankee Doodle = Spottmelodie

Text und Melodie: aus den USA, Satz: Hans-Peter Banholzer,

Wir fahren übers weite Meer (Instrumentalsatz) 94

2. Vom Maste weht ein schwarzes Tuch. Hullabaloo ...
Vielleicht trifft uns der Heimat Fluch. Hullabaloo ...

3. Das wilde Wasser rauscht und schäumt.
Manch einer von der Liebsten träumt.

4. O Bruder, laß das Träumen sein.
Vielleicht muß bald gestorben sein.

5. Und gilt's den Tod, wir fechten's aus!
Von uns will keiner mehr nach Haus!

Text und Melodie: altes englisches Seemannslied, deutscher Text: Karl Seidelmann (1899-1979); aus „Die schwarze Fahne der Piraten", © Voggenreiter Verlag, Bad Godesberg. Instrumentalsatz: Klaus Wolf, © Klett Verlag, Stuttgart.

Il était un petit navire 95

2. Il entreprit un long voyage
sur la mer Mé- Mé- Méditerranée. Ohé, ohé!

3. Au bout de cinq à six semaines
les vivres vin- vin- vinrent à manquer.

4. On tira-(z)-à la courte paille
pour savoir qui qui qui serait mangé.

5. Le sort tomba sur le plus jeune
sitôt il se se se mit à pleurer.

6. Le mousse monte à la grand' hune
ouvre l'oeil de de detous les côtés.

7. Je vois la brise qui se lève
la mer sur les les les brisants brise.

8. Je vois la flèche de l'église
les cloches qu'on qu'on qu'on y fait danser.

9. Et c'fut ainsi que le plus jeune
pour cette fois fois fois-là fut sauvé.

2. Dann endlich ging es auf die Reise
und stach im Mi- Mi- Mittelmeer in See.

3. Doch nach sechs Wochen oder sieben
da ging das E- E-Essen aus – o weh!

4. Man zog das Los, wer braten sollte,
daß man der Hu- Hu- Hungersnot entgeh.

5. Es traf den Jüngsten, der gleich heulte,
und sein Ge- Ge- Gesicht war weiß wie Schnee.

6. Um noch nach Rettung auszuschauen,
stieg er am Ma- Ma- Mastbaum in die Höh.

7. „Ich seh die Brise sich erheben,
ich seh die Bra- Bra- Brandung in der Näh.

8. Ich seh die gold'ne Kirchturmspitze
und hör die Glo- Glo- Glocken über die See!"

9. So war der Jüngste denn gerettet,
und er war glü- glü- glücklicher als je.

Text und Melodie: aus Frankreich, deutscher Text: Lieselotte Holzmeister; aus „Die Fidel" Nr. 22,

Yellow Submarine

Text und Melodie: John Lennon (1940-1980) und Paul McCartney (geb. 1942),

Alle, die mit uns auf Kaperfahrt fahren 97

2. Alle, die Tod und Teufel nicht fürchten, müssen Männer mit Bärten sein. Jan und Hein ...
3. Alle, die mit uns das Walroß killen, müssen Männer mit Bärten sein. Jan und Hein ...
4. Alle, die öligen Zwieback mögen, müssen Männer mit Bärten sein. Jan und Hein ...
5. Alle, die endlich zur Höll mitfahren, müssen Männer mit Bärten sein. Jan und Hein ...

Text und Melodie: aus Flandern, deutscher Text: Gottfried Wolters (geb. 1910); aus „Das singende Jahr", © Möseler Verlag, Wolfenbüttel.

Down the way (Jamaica farewell) 98

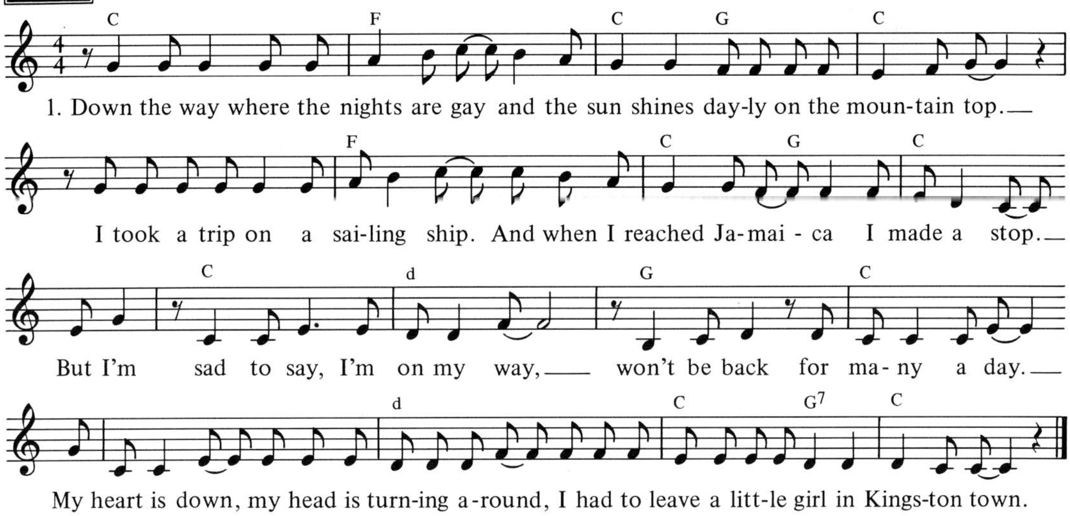

2. Sounds of laughter ev'rywhere and the dancing girls swaying to and for.
I must declare, my heart is there, tho' I've been from Maine to Mexico. But I'm sad to say ...
3. Down at the market you can hear ladies cry out while on their heads they bear,
Ackey rice, salt fish are nice. And the rum is fine any time of year. But I'm sad to say ...

Text und Melodie: Lord Burgess, © Rudolf Slezak Verlag, Hamburg.

Värmeland visan – Das Värmland-Lied

2. Ja, när du en gång skall bort och gifta dig, min vän,
då skall du till Värmeland fara.
Där finnes nog Guds gåfvor af flickor kvar igen,
och alla ä'de präktiga och rara.
Men fraar du där, så var munter och glad,
ty raska gossar vilja Värmlandsflickorna ha,
de sorgsna dem ge uppå båten.

du = dü
sk = sch
igen = ijen

2. Und wenn du, mein Freund,
einst als Freier fort willst ziehn,
dann mußt du nach Värmland gehen.
Der reichste Flor von Mädchen
wird herrlich dir dort blühn,
die alle hold und lieblich anzusehen.
Doch darfst du niemals trübe sein
und langsam obendrein:
Nur flinke Burschen können
ein Värmland-Mädchen frein,
wer träge und mürrisch,
der bleibt dort allein.

Text und Melodie: aus Schweden, deutscher Text und Satz: Hans-Peter Banholzer,

Winde wehn, Schiffe gehn 100

2. Wein doch nicht, lieb Gesicht, wisch die Tränen ab!
Und denk an mich und die schöne Zeit, bis ich dich wieder hab.

3. Silber und Gold, Kisten voll bring ich dann mit mir.
Ich bringe Seiden und Sammet-, Sammetzeug, und alles schenk ich dir.

Text und Melodie: aus Schweden, deutscher Text: Erich Spohr / Hermann Gumbel, aus „Nordische Volkslieder", © Diesterweg Verlag, Frankfurt/Main, Satz: Richard Rudolf Klein (geb. 1921), aus „Musik um uns", 5./6. Schuljahr, © Metzler Verlag, Stuttgart.

What shall we do 101

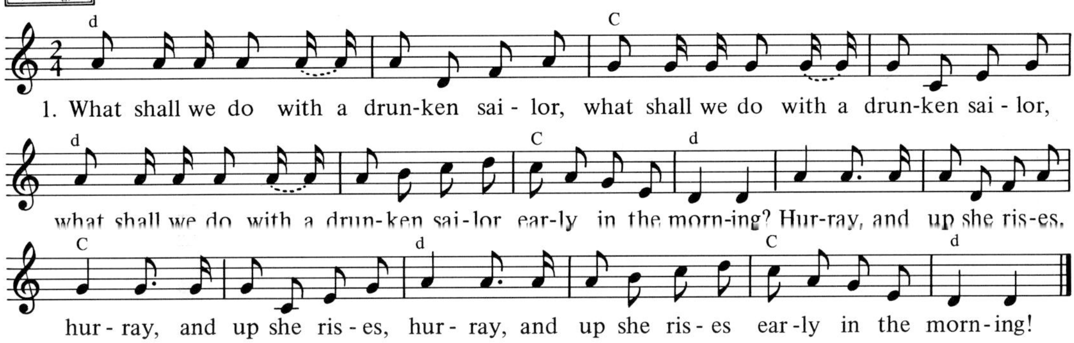

2. Take him and shake him and try to awake him! (3 x) Hurray …
3. Put out the plug and wet him all over! Hurray …
4. Put him in the long boat till he's sober! Hurray …
5. That's what to do with a drunken sailor! Hurray …

plug = Stöpsel
long boat = Beiboot

Begleitsatz

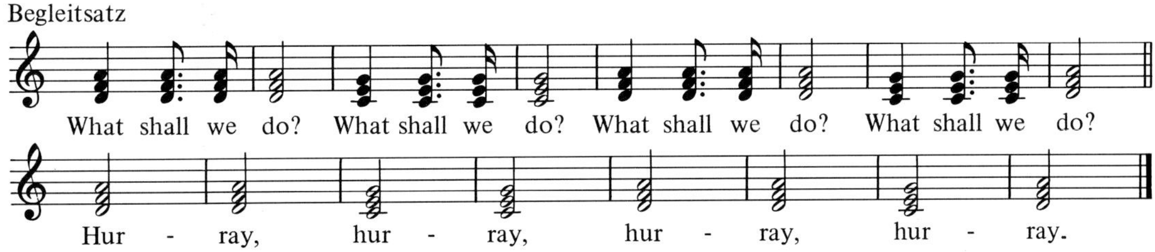

Text und Melodie: aus England, Satz: Klaus Wolf, © Klett Verlag, Stuttgart.

Es weht ein Wind

2. Seht, schon kommt der Lotse an Bord, Mädchen, heute müssen wir fort.
3. Seemann, Seemann schaut nicht zurück, in der Ferne sucht er sein Glück.
4. Seemann, Seemann schaut doch zurück, in der Heimat wartet sein Glück.
5. Blase, Südwind, blas immerzu, führ uns wieder der Heimat zu.
6. Ferne, ferne seh ich schon Land, sicher steht die Liebste am Strand.

Begleitsatz

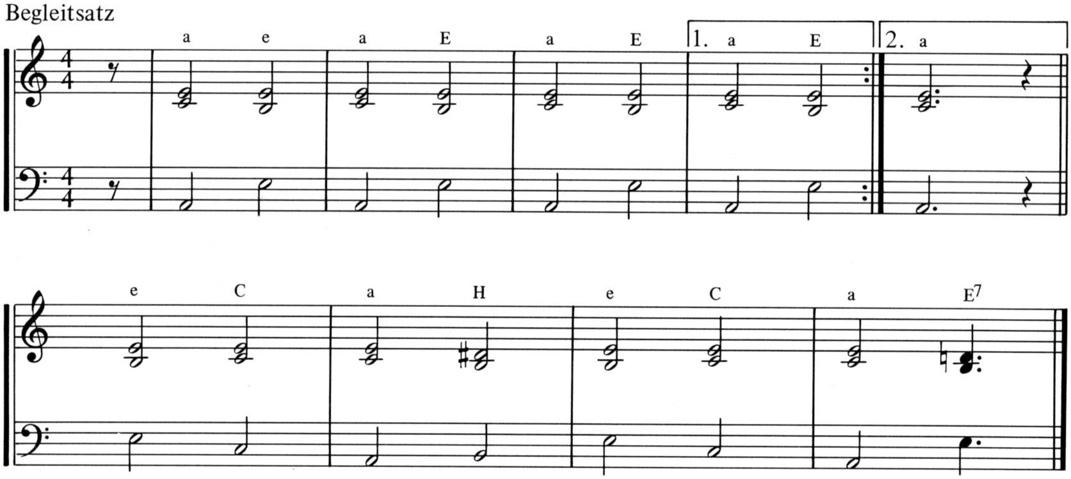

Mit Text auf „he-jo“ oder gesummt oder auf „a“.

Deutscher Text: Gottfried Wolters, Melodie: aus Schweden; aus „Das singende Jahr“, © Möseler Verlag, Wolfenbüttel,
Satz: Klaus Wolf, © Klett Verlag, Stuttgart.

Sinfonie Nr. 3, a-moll „Die Schottische“ von Felix Mendelssohn-Bartholdy
Seitensatzthema des 4. Satzes

Felix Mendelssohn-Bartholdy (1809-1847).

Ich Kujawiak

103

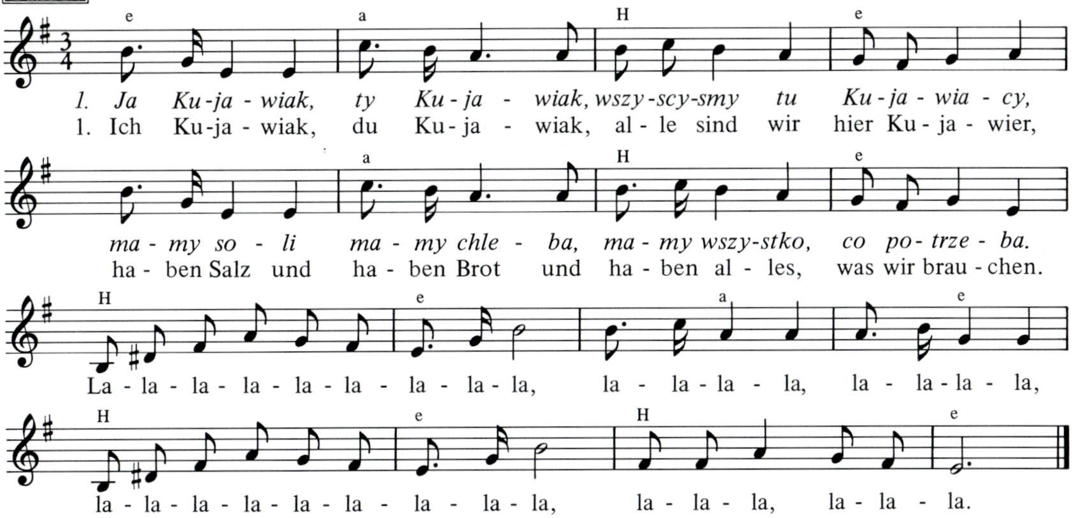

2. Hei, so spiele auf nur kräftig, acht nicht drauf, daß ich nur Knecht bin.
Graue Schafe, braune Pferde! 's ist am schönsten in Kujawien!
La-la-la ...

Text und Melodie: aus Polen, deutscher Text: Willi Heuser; aus „Musik im Leben", © Diesterweg Verlag, Frankfurt/Main.

Mazurka

Fréderic Chopin (1810-1849).

Berjóza (Die Birke) 104

2. Не́кому берёзу заломáти,
Не́комý кудря́ву защипати.
Лю́ли, лю́ли, защипати...

3. Пóйду я в лес, погуля́ю,
Бе́лую берёзу заломáю.
Лю́ли, лю́ли...

4. Сре́жу я с берёзы три прутóчка,
Сде́лаю из них я три гудóчка.
Лю́ли, лю́ли...

5. Че́твертую балалáйку
Стáрому де́ду на забáвку.
Лю́ли, лю́ли...

2. Njékamu berjózu zalamáti,
njékamú kudrjávu zaščypáti.
Ljúli, ljúli, zaščypáti . . .

3. Pójdu ja vljes, pagulijáju,
béluju berjózu zalamáju.
Ljúli, ljúli . . .

4. Srélžu ja sberjózy tri prutóčka,
zdélaju iz nich ja tri gudóčka.
Ljúli, ljúli . . .

5. Četvértuju balalájku
stáromú djédu na zabávku.
Ljúli, ljúli . . .

2. Und darf keiner diese Birke rupfen,
darf auch keiner sie am Kleidchen zupfen,
ljuli, ljuli, bloß sie zupfen, . . .

3. Und ich geh in' Wald und geh spazieren,
will ein holdes Birkchen mir heimführen,
ljuli, ljuli, mir heimführen, . . .

4. Schneid mir von dem Birkchen ab drei Ruten,
schnitz drei Pfeifchen, schön darauf zu tuten,
ljuli, ljuli, drauf zu tuten, . . .

5. Aus der vierten eine Balalaika,
einem alten Brummbär'n aufzugeigen,
ljuli, ljuli, aufzugeigen, . . .

Text und Melodie: aus Rußland, deutsche Textfassung: Günter Gerstberger,

4. Sinfonie, f-moll, 2. Thema im 4. Satz von Peter Tschaikowsky

Ej, úchnjem (Die Wolgaschlepper) 105

Text und Melodie: aus Rußland, deutscher Text: Hans-Peter Banholzer, © Klett Verlag, Stuttgart.

Der Eseltreiber 106

2. Will der Fuß ermatten, lockt ein kühler Schatten,
halten wir unter Olivenbäumen Rast.
Nur ein wenig nicken, in die Weite blicken,
schon zieht sich leichter die schwere Karrenlast. Ho he dé ...

3. Fern im Dunst gelegen, kommt die Stadt entgegen,
flimmert sie schon vor dem blassen, weiten Meer.
Bis in ihre Mauern kann's nicht lange dauern.
Warm weht der Wind von der Küste zu uns her. Ho he dé ...

Deutscher Text: Ortfried Pörsel, Melodiefassung und Satz: Heinz Lemmermann (geb. 1930); aus „Rund um den Globus", © Eres Edition, Lilienthal/Bremen.

Servus Europa 107

2. Wieder auf dem Weg zum Süden.
Nach Dubrovnik, Athen, nach Avignon
ziehn all die Gefährten, die nimmermüden.
Im Thymian und unter rotem Mohn
da ruft der Vogel Whippoorwill,
dort schläft dein Bruder Samuel,
dort wiegt die Welle dir dein mürbes Herz.
Dort leuchtet unterm Messingmond
der großen Berge Gletschereis
auf deinen Weg wie altes grünes Erz.

3. Und warn die Mädchen und auch Irlands Whiskey –
du weißt ja wie ich's meine – mild und gut.
Mir steht nun mal mein Sinn nicht nach Apres-ski,
und in den feinen Hallen bleicht mein Mut.
Da muß ich raus, da muß ich los
und will den Himmel der Provence
und auch den grauen Fels vom Nordkap sehn,
den weißen Strand von Kerkyra,
den Kai von Hamburg-Altona
und die Vogesen bis nach Lothringens Höhn.

Heute hier, morgen dort 108

2. Daß man mich kaum vermißt,
schon nach Tagen vergißt,
wenn ich längst wieder anderswo bin,
stört und kümmert mich nicht,
vielleicht bleibt mein Gesicht
doch dem ein' oder andren im Sinn.

3. Fragt mich einer, warum
ich so bin, bleib ich stumm,
denn die Antwort darauf fällt mir schwer.
Denn was neu ist, wird alt,
und was gestern noch galt,
stimmt schon heut oder morgen nicht mehr.

Text: Hannes Wader, Melodie: Gary Bolstadt, © Verlag „pläne", Dortmund.

Ich bin auch in Ravenna gewesen

Ich bin auch in Ravenna gewesen,
ist eine kleine tote Stadt,
die Kirchen und viel Ruinen hat,
man kann davon in Büchern lesen.

Du gehst hindurch und schaust dich um,
die Straßen sind so trüb und naß,
und sind so tausendjährig stumm,
und überall wächst Moos und Gras.

Das ist, wie alte Lieder sind:
Man hört sie an und keiner lacht,
und jeder lauscht und jeder sinnt
hernach daran bis in die Nacht.

Hermann Hesse (1877-1962),
© Suhrkamp Verlag, Frankfurt am Main.

Muß i denn 109

2. Wie du weinst, wie du weinst, daß i wandere muß,
wie wenn d'Lieb jetzt wär vorbei,
sind au drauß, sind au drauß der Mädele viel,
lieber Schatz, i bleib dir treu.
Denk du net, wenn i 'ne andre seh', no sei mein Lieb vorbei,
sind au drauß, sind au drauß der Mädele viel, lieber Schatz, i bleib dir treu.

3. Übers Jahr, übers Jahr, wenn mer Träubele schneid't,
stell i hier mi wiedrum ein,
bin i dann, bin i dann dein Schätzele noch,
so soll die Hochzeit sein.
Übers Jahr, da ist mein Zeit vorbei, da g'hör i mein und dein,
bin i dann, bin i dann dein Schätzele noch, so soll die Hochzeit sein.

Text und Melodie und 2. Stimme: aus Schwaben.

Shalom (Frieden) 110

Text und Melodie: aus Israel.

Lustig und fidel

111

Text und Melodie: Verfasser unbekannt.

Wer dem Publikum dient

112

Text: Johann Wolfgang von Goethe (1749-1832), Melodie: Heinz Lau (1925-1975); aus „Lieder und Kanons", © Möseler Verlag, Wolfenbüttel.

Konzert

113

Text und Musik: Willy Geisler, © Voggenreiter Verlag, Bad Godesberg.

Das Orchester

114

2. Und die Bratsche kommt dann:
3. Das Fagott, das kommt dann:
4. Und die Geige kommt dann:
5. Klarinette kommt dann:
6. Und das Horn, das kommt dann:
7. Und die Flöte kommt dann:

Text und Musik: Willy Geisler, Satz: Helmut Bräutigam (1914-1942); aus „Guten Abend, euch allen", © Voggenreiter Verlag, Bad Godesberg.

Unlängst schrieb ich eine Oper 115

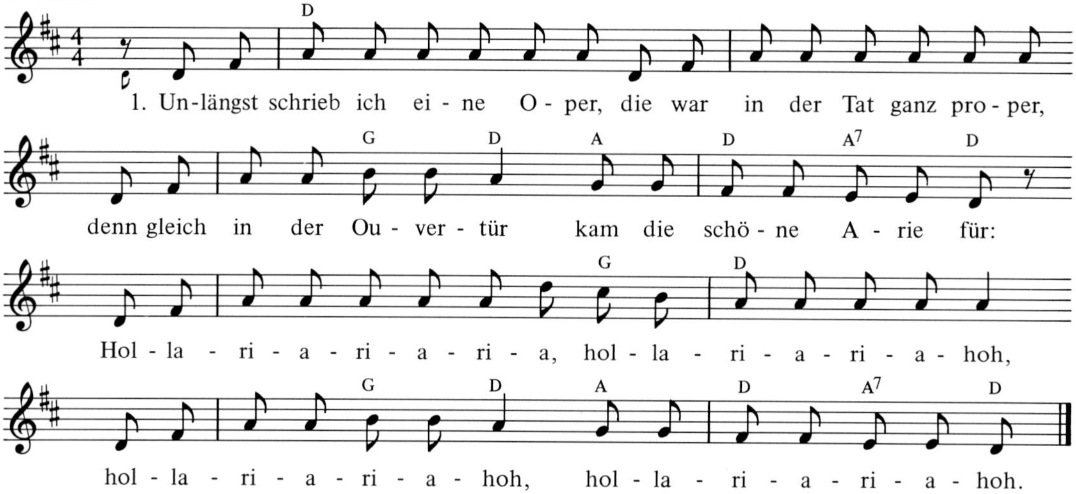

2. Im ersten Akt, da sitzt der Ritter bei dem Schloß am Fenstergitter;
und die Dam auf dem Balkon singt in ihrem höchsten Ton ...

3. Im zweiten Akt der Chor der Knappen tät ein Liebespaar ertappen,
sperrt ins Burgverlies sie ein, und der Chor fällt brüllend ein ...

4. Im dritten Akt der Schwiegermutter schmilzt das Herz wie Honigbutter,
sie verkommt in ihrem Wahn und fängt dann zu jodeln an ...

5. Im vierten Akt, da geht's erst los, da kriegt der Held den Todesstoß,
die Braut in Ohnmacht fällt sodann, stirbt und fängt zu schluchzen an ...

6. Im fünften Akt, da wird geheirat, damit jeder seine Freud hat,
und begeistert, oh wie nett, fängt zu blasen an's Quartett ...

7. Ja diese Oper hat gefallen; weil sie leicht verständlich allen
und die Oper gar nicht schwer, singt das nobele Partär ...

8. Von den seltenen Genüssen fühlt das Volk sich hingerissen,
und begeistert wie noch nie, brüllt die ganze Galerie ...

9. Endlich ist die Oper aus, ein jeder geht vergnügt nach Haus,
und in stillvergnügtem Sinn summt ein jeder vor sich hin ...

10. Des andern Tags auf allen Gassen, allen Ecken, allen Straßen,
Schusters Jung' und Militär pfeift die neue Oper her ...

11. Selbst der Säugling in der Wiege, auf der Nase eine Fliege,
quakt in seinem höchsten Ton diese neue Oper schon ...

12. Da die Oper ist modern, hört sie jeder Spießer gern.
Weiß er nicht den rechten Ton, hilft ihm nach das Grammophon ...

Der Kehrreim „Hollaria ...“ wird in jeder Strophe dem Inhalt entsprechend gesungen und auf Heldentenöre, Primadonnen und Chöre verteilt. Das Ganze kann auch szenisch dargestellt werden.

Aufgezeichnet und bearbeitet von Erich Kiehn; aus „Der Kilometerstein“, © Voggenreiter Verlag, Bad Godesberg.

Kennt ji all dat nije Leïd

2. Ostern wör sei dick und drall,
Pinksten leig sei dot in'n Stall,
uns Herrn Pastor sin Kauh.
Sing man tou ...

3. De Seel de steig den Hewen tou,
denn't wör jo ne Pastorenkouh ...
uns Herrn Pastor sin Kauh.

4. As sei wör in Stücken sneden,
het dat ganze Dörp wat kregen
von uns Pastorn sin Kau ...

5. Jochen Steif, de Trainsuldat,
kreig en Putt vull Miulsalat ...

6. Un de Köster Dümelang
kreig en Steert als Glockenstrang ...

7. Un de ole Stadtkapell
kreig en nijes Trummelfell ...

8. Un uns nije Füerwehr
kreig en Putt vull Wagensmeer ...

9. De Scholemest'r kreig auk noe wat,
he kreig een Hoern teun Dintenfatt ...

10. Un de Dienstmagd Frieda Keuke
kreig de Miul- un Klauenseuke ...

11. Sleswig-Holsteen meerümslungen,
hannelt nu mit Ossentungen ...

12. De Mekelbörger lei't ni slapen,
sei settn den Kopp in't Lanneswappen ...

13. Doch dat Leid is man irst half,
in den Stall steiht noch 'n Kalf ...

14. Dei dat Leid nich singen kann,
de fang dat nu to flötjen an ...

2. Ostern war sie dick und drall,
Pfingsten liegt sie tot im Stall,
des Pastors gute Kuh.
Sing mal zu ...

3. Die Seele steigt dem Himmel zu,
es war ja eines Pastors Kuh,
des Pastors gute Kuh.

4. Als man sie in Stücke schlug,
kriegt das ganze Dorf genug
von unsres Pastors Kuh.

5. Jochen Steif, Ersatzsoldat,
schwört auf Ochsenmaulsalat ...

6. Der Küster, der kriegt auch sein Teil,
er kriegt vom Schwanz ein Glockenseil ...

7. Und die alte Stadtkapell
kriegt ein neues Trommelfell ...

8. Unsre neue Feuerwehr
kriegt ein Fäßchen Wagenschmer ...

9. Der Lehrer, der kriegt auch noch was,
er kriegt ein Horn als Tintenfaß ...

10. Und die Dienstmagd Frieda Keuche
kriegt die Maul- und Klauenseuche ...

11. Schleswig-Holstein, meerumschlungen,
handelt nun mit Ochsenzungen ...

12. Die Mecklenburger nimmer ruhn,
ins Wappenschild den Kopf sie tun ...

13. Doch das Lied ist nun erst halb,
denn im Stall steht noch ein Kalb ...

14. Und wer das Lied nicht singen kann,
der fang es nun zu pfeifen an ...

Text und Melodie: volkstümlich.

Es lebt der Eisbär in Sibirien

117

2. Es schwimmt im Meere die Blondine, die Badefrau, die sieht ihr zu,
es schwimmt im Öle die Sardine, in meinem Herzen schwimmst nur du!
3. Es knickt der Sturm die starke Kiefer, es knickt das Gras die bunte Kuh,
es knickt die Magd das Ungeziefer, mein armes Herze knickst nur du!
4. Es sitzt der Kutscher auf dem Bocke, der Wilde sitzt in dem Kanu,
es sitzt die Laus wohl an der Locke, in meinem Herzen sitzt nur du!
5. Es bricht im Glase sich der Funke, die Nacht bricht an zu kühler Ruh,
es bricht der Jüngling nach dem Trunke, mein armes Herze brichst nur du!
6. Es spuckt der Bäcker in die Hände, es spuckt die Köchin ins Ragout,
es spuckt der Lausbub an die Wände, in meinem Herzen spukst nur du!
7. Es haut der Förster seine Föhren, es haut die Magd die Türe zu,
es haut der Lehrer seine Gören, in meinem Herzen haust nur du!
8. Es rußt ... (Auto, Schornstein) Dichte weiter.

Text und Melodie: mündlich überliefert.

Ein Maulwurf hört in seinem Loch

118

Text: nach Emanuel Geibel (1815–1884), Melodie: Paul Ernst Ruppel (geb. 1913); aus „Kleine Fische“,

Ein Vogel saß auf einem Baum

119

2. Er ließ sodann von oben her sein schönstes Lied erschallen.
Doch weil der Mann nicht aufwärts sah, da läßt er etwas fallen.

3. Das merkte sich der Mann im Nu. Jetzt sah er gleich nach oben.
Und da das Resultat ihn traf, da fing er an zu toben.

4. Nun fragt ihr mich nach der Moral vom Vöglein und dem Mann:
Die Kunst hat's schwer heut allzumal. Der Mist kommt immer an.

Text: Heinz Schenk, Melodie: Richard Rudolf Klein (geb.1921); aus „Die Maultrommel“, © Fidula Verlag, Boppard.

Alouette

120

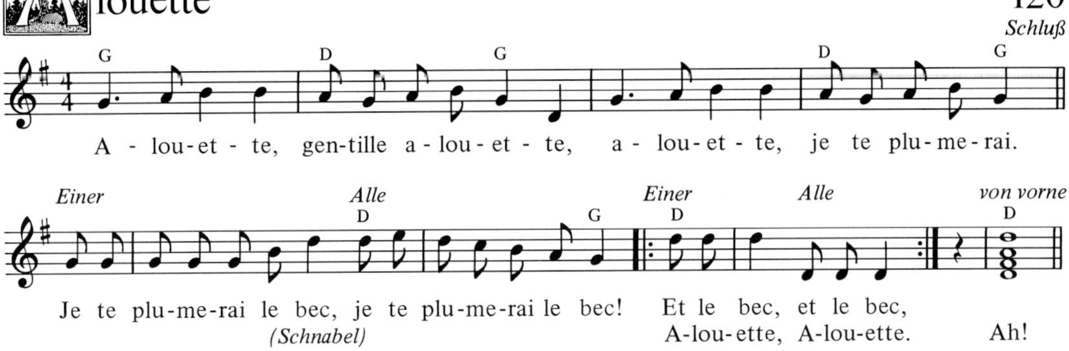

2. … Je te plumerai les yeux *(Augen)!*
Et les yeux, et les yeux,
et le bec, et le bec,
Alouette, Alouette. Ah!

3. … la tête *(Kopf)* …

4. … le cou *(Hals)* …
5. … les ailes *(Flügel)* …
6. … le dos *(Rücken)* …
7. … les pattes *(Füße)* …
8. … la queue *(Schwanz)* …

Text und Melodie: mündlich überliefert (aus Kanada).

Ein Hase saß im tiefen Tal 121

2. Der Apparat steigt in die Luft,
der Motor rattert, knattert, pufft. Farewell ...

3. Bei tausend Meter angelangt,
der Kasten plötzlich schaurig schwankt.

4. Der Hase denkt, das geht famos,
nimmt seinen Fallschirm und springt los.

5. Kurz vor der Landung, welche Not,
sieht er ein Schild: „Hier Parkverbot!"

6. Der Hase denkt: „Das macht ja nischt,
wenn mich kein Polizist erwischt."

7. Doch leider war, o Häslein, ach,
das Auge des Gesetzes wach.

8. Denn kaum gedacht, war's schon passiert,
ein Schutzmann ihn zur Wache führt.

9. Den armen Hasen sperrt man ein
bei trocken Brot und Gänsewein.

Text und Melodie: volkstümlich.

Head and shoulders 122

So könnt ihr das Lied spielen: Stellt euch im Kreis auf, und berührt mit Händen oder Fingerspitzen die im Lied genannten Körperteile. Beginnt langsam, und werdet dann immer schneller.

Text und Melodie: aus England.

It's raining round

Dazu Regentropfen klopfen, bei „Snief" Nase zuhalten, bei „Gänsehaut" sich schütteln und was sonst an Nonsens gerade einfällt.

Text: Ortfried Pörsel, Melodie: Heinz Lemmermann (geb. 1930); aus „Die Zugabe", © Fidula Verlag, Boppard.

Lichtung

manche meinen
lechts und rinks
kann man nicht
velwechsern.
werch ein illtum!

Ernst Jandl (geb. 1925); aus „Laut und Luise", © Ernst Jandl, Wien.

Sascha geizte mit den Worten

124

2. Saschas Vater wollt' mit Pferden
reich und wohlbehäbig werden;
viele drehten manche Runde,
zehn Kopeken in der Stunde …

3. Sascha liebte nur Geflügel,
Rosse hielt er streng am Zügel,
tät sie striegeln oder zwacken
an den beiden Hinterbacken …

4. Und die kleinen Pferdchen haben
Sascha, diesen Riesenknaben,
irgendwo herumgebissen
und die Hose ihm zerrissen …

Text und Melodie: aus Rußland, deutscher Text: Anton B. Kraus, Satz: Heinz Lemmermann (geb. 1930); aus „Die Zugabe“,

Chevaliers de la table ronde

125

2. S'il est bon, s'il est agréable, j'en boirai jusqu'à mon plaisir.
J'en boirai, oui, oui, oui …

3. Si je meurs, je veux qu'on m'enterre dans la cave où il y a d'bon vin.
Dans la cave, oui, oui, oui …

4. Les deux pieds contre la muraille, et la tête sous le robinet.
Et la tête, oui, oui, oui …

5. Sur ma tombe je veux qu'on inscrive „Ici gît le roi des buveurs.“
Ici gît, oui, oui, oui …

Text und Melodie: aus Frankreich, Satz: Klaus Wolf,

Mi se mamo radi 126

2. Pijemo ga radi, radi, radi, radi; pijemo ga radi, radi prav zares.
(Wir trinken gern, wirklich gern.)

3. Še se bomo imeli radi, radi, radi; še se bomo imeli radi prav zares.
(Wir werden uns noch in der Zukunft gern haben, wirklich gern.)

4. Zakaj se ne bi imeli radi, radi, radi; zakaj se ne bi imeli radi prav zares?
(Und warum sollten wir uns nicht gern haben, wirklich gern?)

5. Mi se mamo radi kakor stari gadi; mi se mamo radi, radi prav zares.
(Wir haben uns gern wie alte Nattern, wirklich gern.)

6. Plešemo še rajši, rajši, rajši, rajši; plešemo še rajši, rajši prav zares.
(Wir tanzen noch lieber, wirklich lieber.)

7. Saj smo vsi še mladi, mladi, mladi, mladi; saj smo vsi še mladi, mladi prav zares.
(Wir sind ja noch alle jung, wirklich jung.)

8. Včimo se neradi, radi, radi, radi; včimo se neradi, neradi prav zares.
(Wir lernen nicht gern, wirklich nicht gern.)

9. Zakaj bi se včili radi, radi, radi; zakaj bi se včili radi prav zares?
(Warum sollten wir gern lernen, wirklich gern lernen?)

10. Špricamo ga radi, radi, radi, radi; špricamo ga radi, radi prav zares.
(Wenn jemand nicht gern in die Schule geht, dann fehlt er mit einer Ausrede, wirklich gerne.)

11. Šolske pa nasrajši, rajši, rajši, rajši; šolske pa nasrajši, rajši prav zares.
(Und am liebsten machen wir das, wenn eine Mathematikstunde ist, wirklich gern!)

Text und Melodie: aus Slowenien, aufgezeichnet von Klaus Wolf,

Sarajevo, behara ti tvoga

Ausführung: Die Unterstimme fängt allein an; bei der ersten Wiederholung kommt die Mittelstimme dazu und bei der zweiten Wiederholung die Oberstimme.

Melodie: aus Bosnien, Satz Hans-Peter Banholzer,

Auf em Wasa graset d'Hase 127

2. Muetter, muescht mer, schlah me 's Blechle, Türleshosa macha lau';
daß i au so Türleshosa wie der Herr Provisor hau.

3. Gang mer weg mit Sametschüehla, gang mer weg mit Bändele;
Bauramädla send mer liaber, als so Kaffeebembele.

4. Wo'n i hau no kratzt und bissa, hot mi wölla koina küssa;
seit i nemme kratz und beiß, krieg i Küßla dutzendweis.

5. Kleine Kügela muß mer gießa, wenn ma Vögela schießa will;
schöne Mädla muß mer lieba, wenn mer schöne Weiber will.

6. Wo'n i hau mei Schätzele gnomma, hot mei Muetter grausig tau';
hot mi bei de Aura gnomma, d'Stiega abe burzle lau!

7. Sag du no zu meiner Schwieger, sui soll mi passiera lau';
i werd schau mein Schatz versorga, sell werd sui en Dreck a'gau!

8. Hinter mei're Schwiegermuetter ihrem graußa Himmelbett,
stoht a ganzer Sack voll Sechser, wenn i no dia Sechser hätt.

9. Hinter meinem Schwiegervater seinem alta Sekretär,
stoht a dicker Eicheprügel, wenn no der beim Teufel wär.

10. Wo ne hau ens Tischduach g'schneizat, hot mei Muetter grauslig dau:
Kerle, hoscht denn gar koin Aschtand, kasch da Rotz net hanga lau.

Text und Melodie: aus Schwaben.

Auf dem land

rininininininininDER
brüllüllüllüllüllüllüllüllEN

schweineineineineineineineinE
grununununununununZEN

hunununununununununDE
bellellellellellellellellEN

katatatatatatatatZEN
miauiauiauiauiauiauiauiauEN

katatatatatatatatER
schnurrurrurrurrurrurrurrurrEN

gänänänänänänänänSE
schnattattattattattattattattERN

ziegiegiegiegiegiegiegiegEN
meckeckeckeckeckeckeckeckERN

bienienienienienienienienEN
summummummummummummummummEn

grillillillillillillillillEN
ziririririririririPEN

fröschöschöschöschöschöschöschöschE
quakakakakakakakakEN

hummummummummummummummummELN
brummummummummummummummummEN

vögögögögögögögögEL
zwitschitschitschitschitschitschitschitschERN

Ernst Jandl (geb. 1925), aus „Laut und Luise", © Ernst Jandl, Wien.

Auf de schwäbsche Eisebahne

128

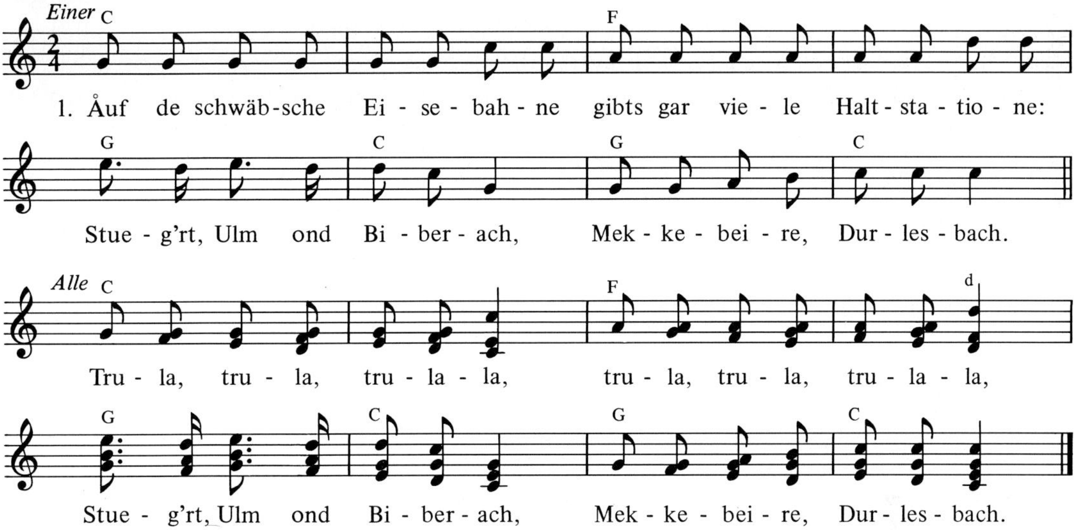

2. Åuf de schwäbsche Eisebahne dirfet Kieh ond Ochsa fahre;
Mädle, Buebe, Weib ond Mã, alles, was nõ zahle kã.

3. Åuf de schwäbsche Eisebahne wollt emol a Beirle fahre,
goht an Schaldr, lupft de Huet: „Oi Billettle, send so guet!"

4. Einen Bock hot er sich kaufet, ond daß där ehm net v'rlaufet,
bendet ehn dr guete Mã an de hendre Wage nã.

5. „Beckle, due nõ woidle sprenge! Z'frässe will i dir schon brenge."
Hockt no zue seim Weible nã, zendt sei stengichs Pfeifle ã.

6. Wie dr Båur isch am Ziel ond sei Beckle hole will,
fendt'r bloß nõ Kopf ond Soil an dem hendre Wagedoil.

7. Ond dr Båur voller Zoere nemmt de Kopf bei boide Hoere,
schmeißt en, was'r schmeißa kã, em Kondukdeer an Ranza nã.

8. „Worom bisch au so gschwend gfahre? Du kåscht jetzt de Schade zahle!
Du alloi bisch schuld do drã, daß i jetzt koin Bock mai haõ!"

9. So, jetz wär des Liadle g'songe! Hot's eich räecht en d'Aohre klonge?
Stoßet mit de Glees'r ã aufs Wohl dr schwäbsche Eisebãh!

Text und Melodie: aus Schwaben, Satz: Klaus Wolf,

Froh zu sein bedarf es wenig

129

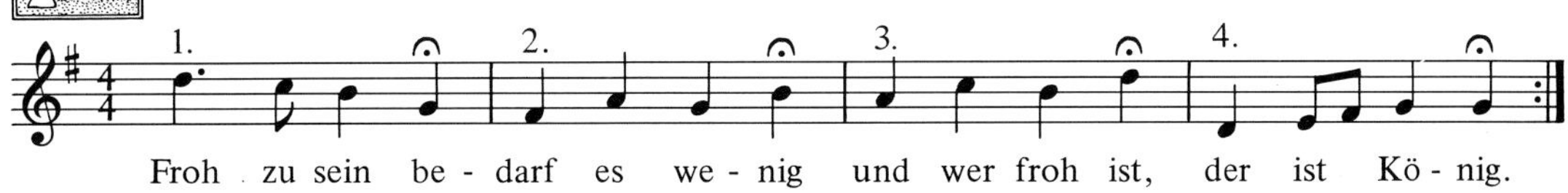

Text und Melodie: volkstümlich.

I sott a Motorrädle hau 130

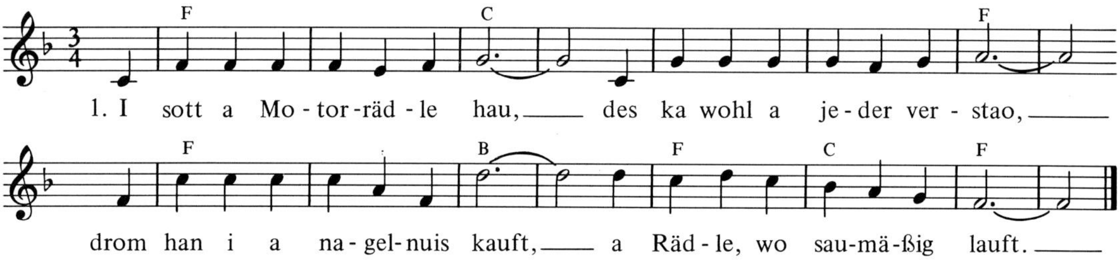

2. I fahr ganz g'mütlich drauf los, achz'g Kilometer sends bloß.
Potz Gugug, des dauert et lang, bis i an ra Stroßabah hang.

3. Oms Eck nom isch ziemlich riskiert, mei Rad isch aufs Trottoar spaziert.
Dia Leit schlagat läschterlich Krach ond i kriag a Ladong uffs Dach.

4. Grad rom von dr Hofabodek do saust uff mi zua a Kolleg,
z'mol hangt en meim Rädle a Schuah, vom Fueß no a Fetza drzua.

5. Z'mol hangat mer uff a ma Haus, mei Knia sieht wie a Schlachtbrota aus,
onds Nasaboi han e verstaucht, des hot me sechs Wocha lang g'schlaucht.

6. I fahr liabr naus aus dr Stadt, dia Schutzleut hent mi uff dr Latt.
Acht Strofzettel han e em Sack, dia Dengr send et nach meim G'schmack.

7. I gondl uffs Land ganz famos, von henta ond vorna spritzt d'Soß.
I iberfahr en ra oinziga Stond drei Katza, vier Gäs ond en Hond.

8. Em Weg stoht a stoialter Ma, dem fahr e an d'Scheboiner na;
der wird an Denkzettel hao, em Rädle ond mir hot's nix dao.

9. A Kuahfuhrwerk han i et gseah, weils grad oms Eck nom isch gwea.
Uff oimal liag i uff ra Kuah, mit ma Beitschastiel haut oiner zua.

10. A Bauer verstreit grad sein Mischt, do hau e a Gosch voll verwischt.
Mein Hals han e hendersche g'streckt, des hot et nach Kalbsbrata g'schmeckt.

11. A Radfahrer gondelt voraus, der weicht oms Verrecka et aus.
Der will mit G'walt a'gfahra sei, i fahr'n en en Stoihaufa nei.

12. Zwoi Weiber, dia dent grad en Schwätz, wia Goisböckla machet se Sätz,
se laufet mer grad en mei Rad, mir liegat zu dritt em Salat.

13. Gerscht rasat zwoi Auto daher, hau glei denkt, des gibt a Malär,
dia Hammel, doa fahret om d'Wett, mi Oglickswurm sehnat se et.

14. Es duat en mordsmäßiga Krach, i flieg betäubt en an Bach,
wach erscht wieder auf em a Saal, se saget, des sei a Schpital.

15. Mei Äpfel steckt ganz em a Schlips ond d'Boiner en Pflaster ond Gips.
So lieg i etzt hilflos em Nescht, vom Karle a kläglicher Rescht.

16. 's isch guat, daß i 's Rädle et sieh, se saget, 's seh grad aus wia i,
mer wäret äll zwoi ausrangiert, weil 's Flicka sich nemme rentiert.

Text und Melodie: aus Schwaben.

Und jetzt gang i ans Peters Brünnele 131

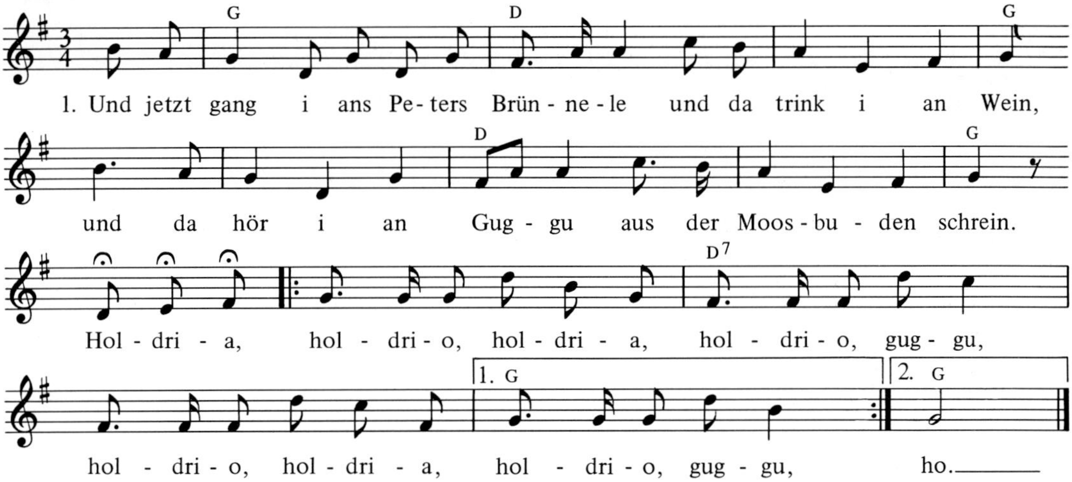

2. Und der Adam hat d'Liab erdacht und der Noah den Wein,
und der David den Zitherschlag. 's müssen Steira g'wesen sein. Holdria ...

3. Kauft's mer ab mei schöns Büchserl, kauft's mer ab mei grean Hut,
kauft's mer ab mei schöns Diandl, weil i einrücken muaß. Holdria ...

Im Kehrreim: bei 1 Schlag auf die Knie, bei 2 Klatschen in die Hände und bei 3 Schnalzen mit den Fingern.
In der zweiten Strophe wird das „guggu" zweimal, in der dritten Strophe dreimal gesungen und geschnalzt.

Zu diesem aus der Steiermark stammenden Lied gibt es im süddeutschen Raum noch eine ganze Reihe von Strophen, von denen einige nachstehend abgedruckt sind:

4. Und ich stand auf der Brücke und ich spuckt in den Kahn,
ja da freut sich die Spucke, daß sie kahnfahren kann.

5. Und ich stand in dem Kahne und ich spuckt auf die Brück;
doch da mußt ich schnell weiter, denn die Spuck kam zurück.

6. Und weil Frankfurt so groß ist, so teilt man es ein
in Frankfurt an der Oder und Frankfurt am Main.

7. Und da unten am Bache, wo die Weiden sich biegen,
ja da hau'n sich zwei Kahlköpf, daß die Haar nur so fliegen.

8. Und im Amtsg'richt, da schmiß einer die Tür entzwei,
und der wird jetzt verklagt wegen Türquälerei.

9. Und da unten am Bache, da sitzt eine Maid,
und sie putzt ihre Füße, 's ist allerhöchste Zeit.

10. Und der Fritz in der Schule schrieb im Aufsatz 'ne „vier",
und da spielte sein Vater auf dem Südpol Klavier.

11. Und mein Bruder spielt Zither, meine Schwester Klarinett,
und der Vater schlägt 's Hänschen, das gibt ein Quartett.

12. Und drei Wochen vor Ostern, da geht der Schnee weg,
und da heirat' mein Schätzel und i hab einen Dreck.

13. Und das ist halt mein'm Vater sein einziger Trost,
daß, solang ich noch lebe, ihm sein Geld nicht verrost.

14. Für die Flöh' gibt's a Pulver, für die Schuh' gibt's a Wichs,
für den Durst gibt's a Wasser, doch für d'Dummheit gibt's nichts.

15. Und der eine weiß dieses und der andre weiß das,
es weiß jeder was andres, aber jeder weiß was.

Text und Melodie: aus der Steiermark.

Warnung

132

Text und Melodie: Carl Maria von Weber (1786-1826).

Als wir noch in der Wiege lagen

133

Text und Melodie: Richard Rudolf Klein (geb. 1921); aus „Die Zugabe", © Fidula Verlag, Boppard.

Bona nox 134

Mozarts Originaltext: *Bona nox, bist a rechter Ochs;*
bona notte, liebe Lotte, bonne nuit,
pfui, pfui, good night, good night,
heut müß' ma no weit; gute Nacht, gute Nacht,
scheiß' ins Bett, daß's kracht, gute Nacht!
Schlaf fei gsund und reck den Arsch zum Mund!

Text und Melodie: Wolfgang Amadeus Mozart (1756-1791).

Signor Abbate 135

Text und Melodie: Ludwig van Beethoven (1770-1827).

Heißa – O – Laß – I

Texte, Melodien und Quodlibet: volkstümlich.

Kookaburra 137

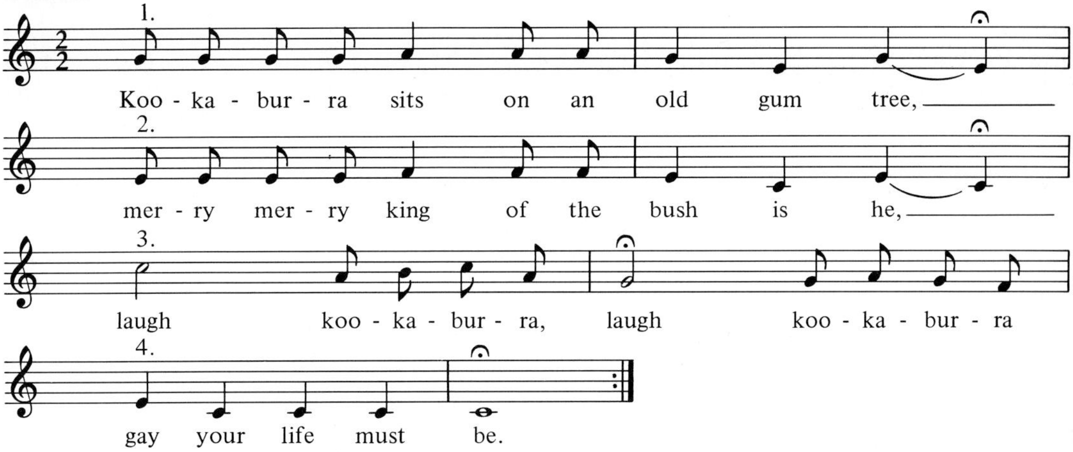

Kookaburra ist der Lieblingsvogel der Australier. Die ersten beiden Takte sind ein Pausenzeichen des australischen Rundfunks.

Text und Melodie: aus Australien.

Aram sam sam 138

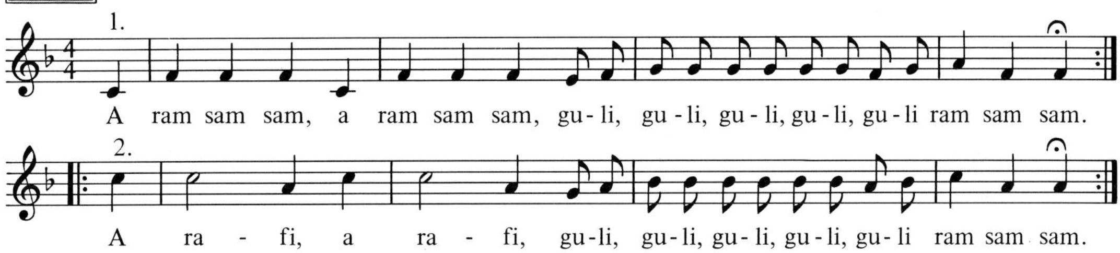

Text und Melodie: Verfasser unbekannt.

Miau, miau! Hörst du mich schreien 139

Text und Melodie: aus Frankreich, deutscher Text: Liselotte Holzmeister; aus „Der Zündschlüssel“, © Fidula Verlag, Boppard.

Ten green bottles

140

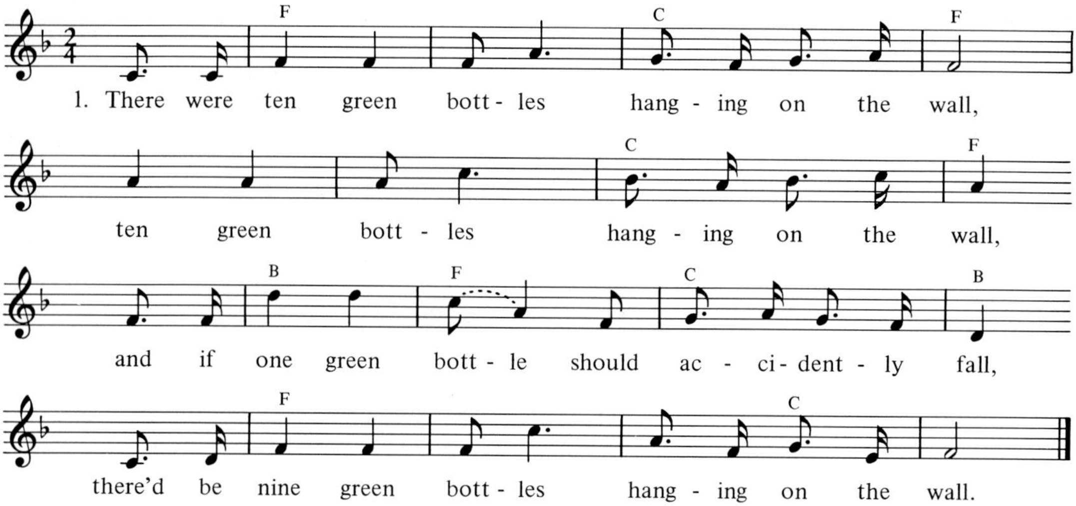

2. There were nine green bottles hanging on the wall,
   and if one ...
3. There were eight green bottles ...

usw. bis zur letzten Strophe:

There was one green bottle hanging on the wall, ...
and if that green bottle should accidently fall,
there'd be nothing but the smell a-hanging on the wall.

Text und Melodie: aus England.

Caffee

141

Text und Melodie: Karl Gottlieb Hering (1765–1853).

Ding, dong

142

Dieser Text ist ein Wortspiel: Wir essen keine Glocken, aber wir trinken gerne aus.
(„ur" bedeutet im Schwedischen „Uhr" und „aus".)

å = o wie „dong"
klockor = klockur
ur = ür

Text und Melodie: aus Schweden, Satz: Henrik Erlansson,

Bei dem Grabe eines Mannes, der in Betrunkenheit erfror

1. Schon seit dem ersten Februar
war eine solche Kälte,
daß sie den Blutumlauf sogar
in vielen Adern stellte;
sie stieg am Kältemesserstab
auf sechs und zwanzig Grad hinab,
wie jedermann bekannt ist.

2. Wer also konnte, blieb zu Haus
beim warmen Ofen sitzen
und ging nicht in die Luft hinaus,
sich vor dem Frost zu schützen,
und war besonders bei der Nacht
auf eine warme Ruh bedacht,
die er im Bette suchte.

3. Nicht so, der hier im Grabe ruht:
Er suchte in der Schenke
zu widerstehn der Kälte Wut
durch geistige Getränke;
genoß jedoch von diesem Saft
so viel, daß seiner Füße Kraft
ihn kaum mehr tragen konnte.

4. Allein anstatt nach Haus zu gehn,
ging er zum andern Wirte,
wohin, was öfter schon geschehn,
der Kirschengeist ihn führte,
und fiel gleich mit der Tür ins Haus,
erschrocken sprang der Wirt heraus,
zu sehen, was es gebe.

5. Ihr wißt, so lallte er, ich hab's
schon lang so in den Füßen
und werde mich durch einen Schnaps
wohl wieder stärken müssen;
und setzte sich am nächsten Tisch
und soff aufs neue wie ein Fisch
vom besten Kirschenwasser.

6. Sein Weib mit ihren Kindern war
zu Haus in größten Sorgen,
denn öfter blieb er ja sogar
im Wirtshaus bis zum Morgen;
sie kam und bat voll Zärtlichkeit:
Er möcht bei dieser Kälte heut
mit ihr nach Hause gehen.

7. Er aber blieb und soff dabei,
daß seine Augen glühten.
Es kam jedoch die Polizei,
den Gästen abzubieten;
er taumelte betrunken fort,
entschlossen, sich am Weibe dort
für diese Schmach zu rächen.

8. So kam er fünfzig Schritte weit
und stürzte wackelnd nieder:
Da waren schon in kurzer Zeit
erfroren seine Glieder;
das Blut gefror in seinem Lauf,
und leider steht er nicht mehr auf
bis zu dem jüngsten Tage.

9. So folget der Betrunkenheit
die Strafe auf dem Fuße
und raubet uns die nöt'ge Zeit
zu einer wahren Buße,
und wer dem Trunk ergeben ist
und bleibt, der lebet nicht als Christ
und kann nicht selig werden.

10. Laßt uns daher das Giftgesäuf
gebrannten Geists verachten,
sonst macht es uns zum Tode reif,
wo wirs am mindsten dachten,
und künftig für den Durst allein
nur weiß und braunes Bier und Wein
mit Wasser mäßig trinken.

Erfinde eine Melodie.

Ritter Michael von Jung war Pfarrer in Kirchdorf an der Iller. Bei Beerdigungen sang er mit der Gitarre Grablieder, die Belehrung und Unterhaltung miteinander verbanden. (Dieses Lied ist etwas gekürzt.)

Text: Michael von Jung (1781-1858); aus „Melpomene oder Grablieder. Zwei Bändchen, jedes hundert Grablieder enthaltend, mit zwanzig Melodien"; Band I, Ottobeuren 1839.

Ich bin der Doktor Eisenbart

143

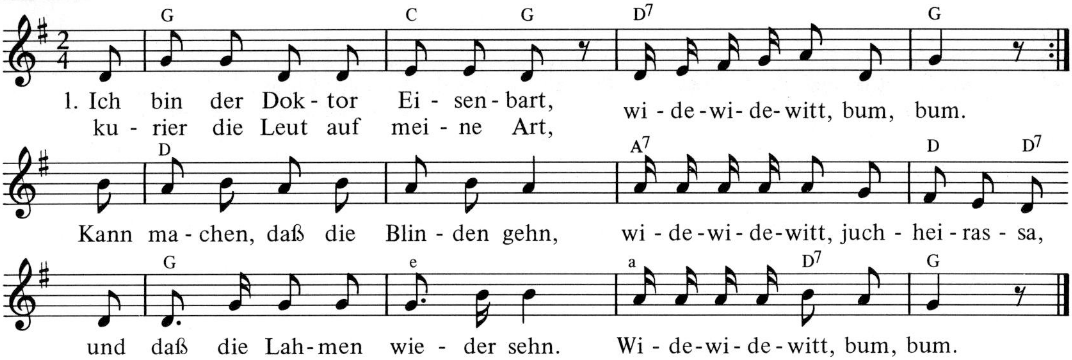

2. Zu Potsdam operierte ich den Koch des großen Friederich.
Ich schlug ihm mit dem Beil vorn Kopf, gestorben ist der arme Tropf.
3. Zu Ulm kuriert ich einen Mann, daß ihm das Blut vom Beine rann.
Er wollte gern gekuhpockt sein, ich impft's ihm mit dem Bratspieß ein.
4. Des Küsters Sohn in Dideldum, dem gab ich zehn Pfund Opium,
drauf schlief er Jahre, Tag und Nacht, und ist bis heut nicht aufgewacht.
5. Es hatt' ein Mann in Langensalz 'nen zentnerschweren Kropf am Hals,
den schnürt ich mit dem Waschseil zu, probatum est: – nun hat er Ruh.
6. Zu Wien kuriert ich einen Mann, der hatte einen hohlen Zahn.
Ich schoß ihn aus mit der Pistol, dem Mann, dem ist jetzt immer wohl.
7. Das ist die Art, wie ich kurier, sie ist erprobt, ich bürg dafür!
Daß jedes Mittel Wirkung tut, schwör ich bei meinem Doktorhut!

Text und Melodie: volkstümlich.

In einen Harung, jung und stramm

144

2. Der Harung sprach: „Du bist verrückt, du bist mir viel zu platt gedrückt.
Rutsch mir den Buckel runter, du olle Flunder."
3. Da stieß die Flunder auf den Grund, wo sie 'nen goldnen Rubel fund,
ein Goldstück von zehn Rubel, o welch ein Jubel.
4. Da war die olle Schrulle reich, da nahm der Harung sie sogleich,
denn so ein alter Harung, der hat Erfahrung.
5. Doch ach, da kam 'ne Inflation, da stieß der Harung sie vom Thron.
Die Flunder war alleine, o weine, weine.
6. Und die Moral von der Geschicht: Verlieb dich in 'nen Harung nicht,
denn so ein alter Harung, der hat Erfahrung.

Text und Melodie: volkstümlich.

Diese Melodiefassung ist eine der vielen, die es von diesem Lied gibt.

Mein kleiner grüner Kaktus

145

2. Man find't gewöhnlich die Frauen ähnlich den Blumen, die sie gerne tragen.
Doch ich sag' täglich: Das ist nicht möglich, was soll'n die Leut' sonst von mir sagen.
Mein kleiner grüner Kaktus ...

3. Heute um Viere klopft's an die Türe, nanu, Besuch so früh am Tage?
Es war Herr Krause vom Nachbarhause, er sagt: „Verzeih'n Sie, wenn ich frage.
Sie hab'n doch einen Kaktus da draußen am Balkon, hollari, hollari, hollaro!
Der fiel soeben runter, was halten Sie davon? Hollari, hollari, hollaro!
Er fiel mir auf's Gesicht, obs' glauben oder nicht,
jetzt weiß ich, daß Ihr grüner Kaktus sticht, sticht, sticht.
Bewahr'n Sie Ihren Kaktus gefälligst anderswo, hollari, hollari, hollaro!"

Text: Hans Herda, Musik: Bert Reisfeld / Albrecht Marcuse,

Ist das nicht rätselhaft

146

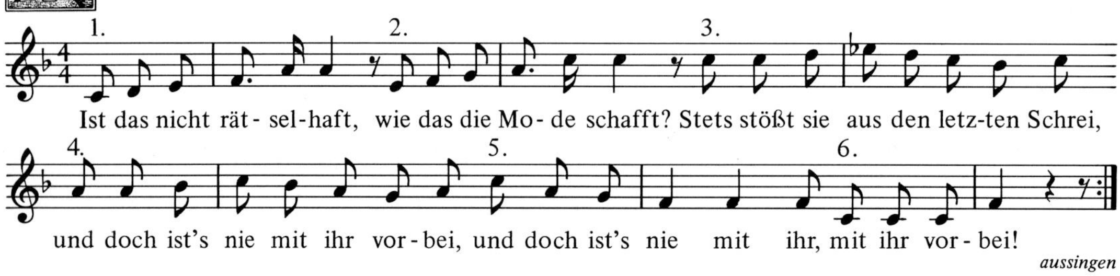

Text: Josef Mühlbauer, Musik: Heino Schubert,

Zu Regensburg auf der Kirchturmspitz

2. Und als die Schneider Jahrtag hatten, da waren sie alle froh.
da aßen ihrer neunzig, ja neunmal neunundneunzig an einem gebratenen Floh.

3. Und als sie nun gegessen hatten, da waren sie voller Mut.
Da tranken ihrer neunzig, ja neunmal neunundneunzig aus einem Fingerhut.

4. Und als sie nun getrunken hatten, da kamen sie in die Hitz.
Da tanzten ihrer neunzig, ja neunmal neunundneunzig auf einer Nadelspitz.

5. Und als sie nun getanzet hatten, da sah man sie nicht mehr.
Da krochen ihrer neunzig, ja neunmal neunundneunzig in eine Lichtputzscher.

6. Und als sie nun im Schlafen waren, da knispelt eine Maus.
Da schlüpften ihrer neunzig, ja neunmal neunundneunzig zum Schlüsselloch hinaus.

7. Und was ein rechter Schneider ist, der wieget sieben Pfund.
Und wenn er das nicht wiegen tut, ja wia-wia-wiegen tut, dann ist er nicht gesund.

Text und Melodie: volkstümlich.

Herr Hadubrand 148

2. Einst traf er an ein Mägdulein und ging mit ihr Verlobung ein.
Dabei war er ein finstrer Mann, den niemand richtig leiden kann.
Mägdulein, sei nicht dumb, laß ihn laufen, diesen Lump!

3. Der Ritter hat in einer Nacht ihr ganz Vermögen umgebracht.
Darauf verstieß er sie sofort, obwohl er Treue ihr geschwort.
Sie sofort, sie sofort, obwohl Treue er geschwort.

4. Das Mägdlein weint und heulte sehr, so wie man heute weint nicht mehr.
Doch drunten an dem Ritterschloß, da floß vorbei ein tiefer Floß.
In den Floß, in den Floß sich das arme Mägdlein schmoß.

5. Der Ritter lag in seiner Kammer gerad im allertiefsten Schlammer.
Da plötzlich trat um punkt zwölf Uhr ein riesiges Gespenst hervur.
Das Gespenst, riesengroß, das war das Fräulein auf dem Schloß.

6. Der Ritter zittert, und es grinst ihn an das schreckliche Gespinst.
Schnell zog er über Kopf und Wanst die Bettdeck vor dem Schreckgespanst.
Das Gespenst, das Gespunst auf den Ritter grinst und grunzt.

7. So kam der Spuk nun jede Nacht, hat an dem Ritter sich geracht.
Da half nicht Geld noch Zauberkunst, stets kam und heulte das Gespunst:
Hadubrand, Hadubrand, pfui, pfui Teufel! – und verschwand.

8. Gespensterspuk bei Nacht und Graus hält selbst ein Rittersmann nicht aus.
Drum lag er eins Tags in der Fruh maustot auf seinem Kanapu.
Und so ward, kaum vollbracht, furchtbarlich die Tat geracht.

Text und Melodie: volkstümlich.

Hab mein Wage vollgelade 149

2. Hab mein Wage vollgelade, voll mit Männern alten.
Als wir in die Stadt neinkamen, murrten sie und schalten. Drum lad ich … nie alte Männer …

3. Hab mein Wage vollgelade, voll mit jungen Mädchen.
Als wir zu dem Tor neinkamen, sangen sie durchs Städtchen. Drum lad ich … nur junge Mädchen …

Text und Melodie: volkstümlich.

Tief im Urwald Brasiliano 150

Begleitmöglichkeit für Klavier

dazu Rhythmen

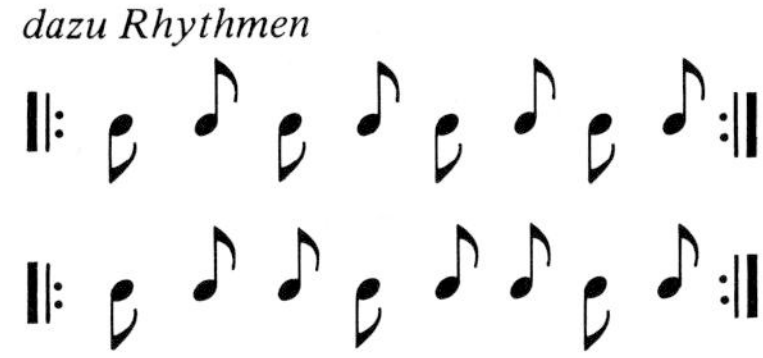

2. Plötzlich krauchen aus Jasmino mit sein altes Carabino
   böser Räuber Patrolino, leis wie Katz.
   Schreien: Her mit die Peseto! Schießen Löcher in Tapeto
   batz, batz, batz ..., zweiter Satz.
3. Signor schmeißen mit Pantino, treffen Kerze Stearino,
   alles duster wie in Kino und Rabatz.
   Aber Donna mit Caracho knallen Räuber tacho, tacho
   was vor'n Latz ..., dritter Satz.
4. Mausetot sein Patrolino, nix mehr trinken wieder Vino,
   auch nix rauchen mehr Flor Fino, nix mehr Schatz!
   Donna schleppen aus Baracko bösen Räuber huckepacko
   weg vom Platz ..., vierter Satz.
5. Tief im Urwald Brasiliano spielen Signor Don Juano,
   Donna singen zu Piano schön wie Katz.
   Alten bösen Banditillio längst gefressen Krokodilio
   mit sein Schatz ..., letzter Satz.

Text: Fritz Grashoff, Melodie: Richard Rudolf Klein (geb. 1921); aus „Der Zündschlüssel", © Fidula Verlag, Boppard.

Der Faulenz und der Lüderli 151

Text: Schweizer Sprichwort, Melodie: Christian Lahusen (1886–1975); aus „Kanonbüchlein", © Bärenreiter Verlag, Kassel.

Lebte einst ein Mann

152

2. Seine Freunde sagten: „Mein lieber Mann,
fange doch ein anderes Liedchen an.
Vielleicht spielst du das von der Anemon?“
Doch er wollte nichts anderes als Old Zip Coon.
Old Zip Coon ...

3. Da ergriffen seine Freunde ihn,
luden all sein Zeug und die Violin auf ein Schiff,
bestimmt nach der Stadt Hongkong,
wo bis dahin niemand hörte diesen Song.
Old Zip Coon ...

4. Auch die Leute dort schickten ihn bald fort,
und er lebt nun an einem anderen Ort,
doch er spielt immerzu ohne auszuruhn,
spielt auch heute nichts anderes als Old Zip Coon.
Old Zip Coon ...

Text und Melodie: aus USA, freie deutsche Textübertragung: Helmut König; aus „Lieder, Songs und Gospels“, © Voggenreiter Verlag, Bad Godesberg.

Der Hahn ist tot

153

Text und Melodie: aus Frankreich.

Als die Römer frech geworden

154

2. Doch im Teutoburger Walde,
hui! wie pfiff der Wind so kalte,
Raben flogen durch die Luft,
und es war ein Moderduft
wie von Blut und Leichen.

3. Plötzlich aus des Waldes Duster
brachen kampfhaft die Cherusker;
mit Gott für Fürst und Vaterland
stürzten sie, von Wut entbrannt,
auf die Legionen.

4. Weh! das war ein großes Morden;
sie erschlugen die Kohorten;
nur die röm'sche Reiterei
rettete sich noch ins Frei',
denn sie war zu Pferde.

5. O Quinctili, armer Feldherr,
dachtest du, daß so die Welt wär?
Er geriet in einen Sumpf,
verlor zwei Stiefel und ein' Strumpf
und blieb elend stecken.

6. Da sprach er voll Ärgernussen
zum Centurio Titiussen:
Kamerad, zeuch dein Schwert hervor
und von hinten mich durchbohr,
weil doch alles futsch ist.

7. Als die Waldschlacht war zu Ende,
rieb Fürst Hermann sich die Hände,
und um sich noch mehr zu freun,
lud er die Cherusker ein
zu 'nem großen Frühstück.

8. Nur in Rom war man nicht heiter,
sondern kaufte Trauerkleider.
Grade als beim Mittagsmahl
Augustus saß im Kaisersaal,
kam die Trauerbotschaft.

9. Erst blieb ihm vor jähem Schrecken
ein Stück Pfau im Halse stecken,
dann geriet er außer sich
und schrie: Varus, schäme dich,
redde legiones!

10. Sein deutscher Sklave, Schmidt geheißen,
dacht, ihn soll das Mäusle beißen,
wenn er sie je wiederkriegt,
denn was einmal tot daliegt,
wird nicht mehr lebendig.

Text: Josef Victor von Scheffel (1826-1886), Melodie: Ludwig Teichgräber.

Das große Lalulā

155

2. Hontraruru miromente
zasku zes rürü?
Entepente, leiolente
klekwapufzi lü?
Lalu lalu lalu lalu la!

3. Simarar kos malzipempu
silzuzankunkrei (;)!
Marjomar dos: Quempu lempu
Siri Suri Sei ( )!
Lalu lalu lalu lalu la!

Text: Christian Morgenstern (1871-1914), Musik: Hans-Peter Banholzer; aus den „Galgenliedern“,

Bim, Bam, Bum

156

Text: Christian Morgenstern (1871-1914), Rhythmus: Hans-Peter Banholzer (geb. 1945); aus den „Galgenliedern",

Fisches Nachtgesang

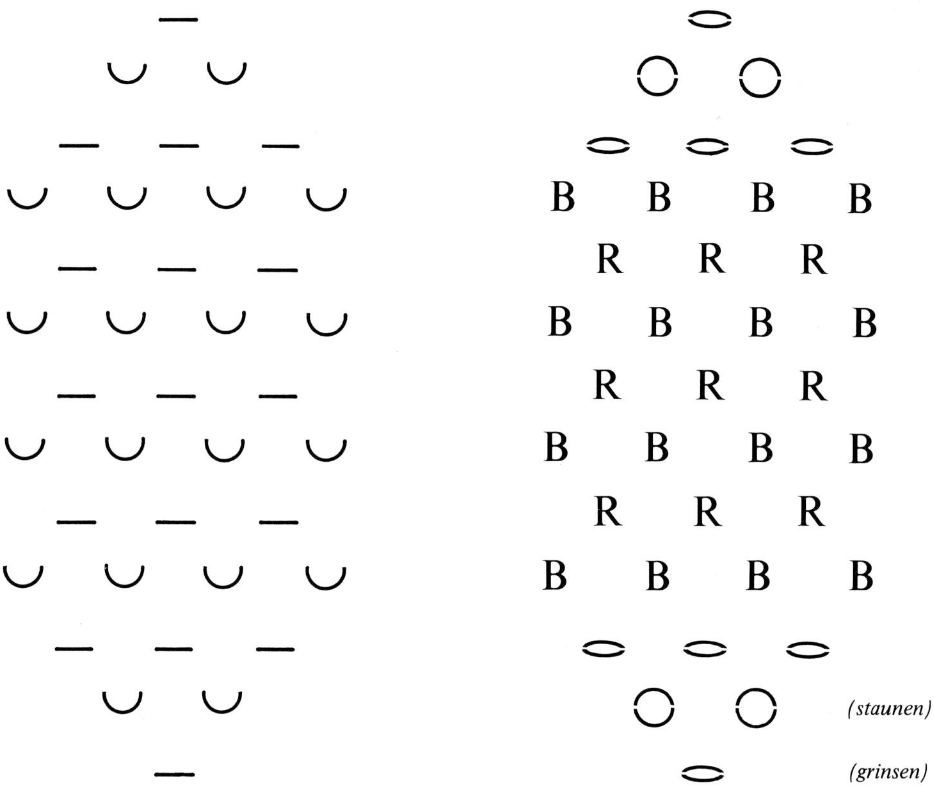

Alle Zeilen mit einer ungeraden Zahl verlangen einen breiten Mund.
Alle Zeilen mit einer geraden Zahl verlangen einen runden Mund.

 = breiter Mund

 = runder Mund

B = lautierendes, tonloses B

R = rollendes Zungen-R

Text: Christian Morgenstern (1871-1914); aus den „Galgenliedern", Spielidee: Hans-Peter Banholzer,

Tanzen

158

2. Kommt ein Fuhrmann daher, hat geladen gar schwer,
seiner Rösser sind drei, und sie tanzen vorbei.

3. Und ein Bursch ohne Schuh und in Lumpen dazu,
als die Brücke er sah, ei wie tanzte er da.

4. Kommt ein Mädchen allein auf die Brücke von Stein,
faßt ihr Röckchen geschwind, und sie tanzt wie der Wind.

5. Und der König in Person steigt herab von seinem Thron,
kaum betritt er das Brett, tanzt er gleich Menuett.

6. Liebe Leute, herbei! Schlagt die Brücke entzwei!
Und sie schwangen das Beil, und sie tanzten derweil.

7. Alle Leute im Land kommen eilig gerannt:
Bleibt der Brücke doch fern, denn wir tanzen so gern!

8. Es führt über den Main eine Brücke von Stein,
wir fassen die Händ, und wir tanzen ohn End.

Text und Melodie: Felicitas Kukuck (geb.1914); aus „Das Singende Jahr“A,

Guten Abend, guten Abend

159

2. Was war das, was war das, was du uns jetzt gespielt?
Wie kann man bei Lärmen und Toben und Schreien
den Walzer hier spielen zum fröhlichen Reihen? Streich zu ...

3. Ei, Steffen, ei, Steffen, die Polka kann ich nicht.
Da sitz ich viel lieber und tu mir vertellen
mit mein' lieben Schwestern 'n paar olle Kamellen. Streich zu ...

Text und Melodie: volkstümlich aus Jütland, Satz: Klaus Wolf, © Klett Verlag , Stuttgart.

Zum Tanze, da geht ein Mädel 160

2. Stimme instrumental

2. Ach herzallerliebstes Mädel, so laß mich doch los.
Ich lauf dir gewißlich auch so nicht davon.

3. Kaum löset die schöne Jungfer das güldene Band,
da war in den Wald schon der Bursche gerannt.

Text und Melodie: volkstümlich aus Schweden, Satz: Hans-Peter Banholzer, © Klett Verlag, Stuttgart.

Hat mi mei Vater 161

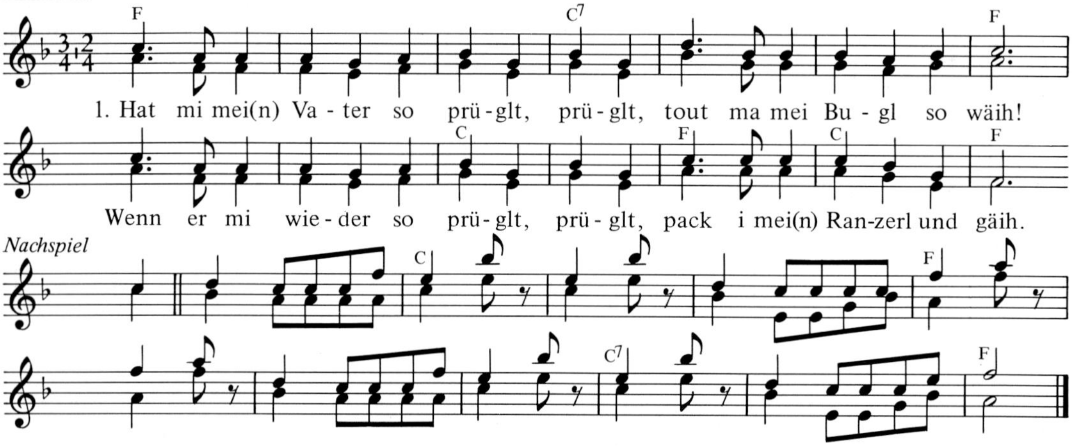

Dieses Tanzlied gehört zu einer originellen Art von Bauerntänzen, „Zwiefacher" genannt. Sie sind im alpenländischen Raum, aber auch in der Oberpfalz oder in böhmischen und mährischen Regionen verbreitet. Dem Wechsel von Zweier- und Dreier-Takt entsprechend wechseln Drehschritte und Schritte im Walzertakt. Oft gibt es auch improvisierte Einschübe mit Klatschen.

Sedlák - Bäuerlein 162

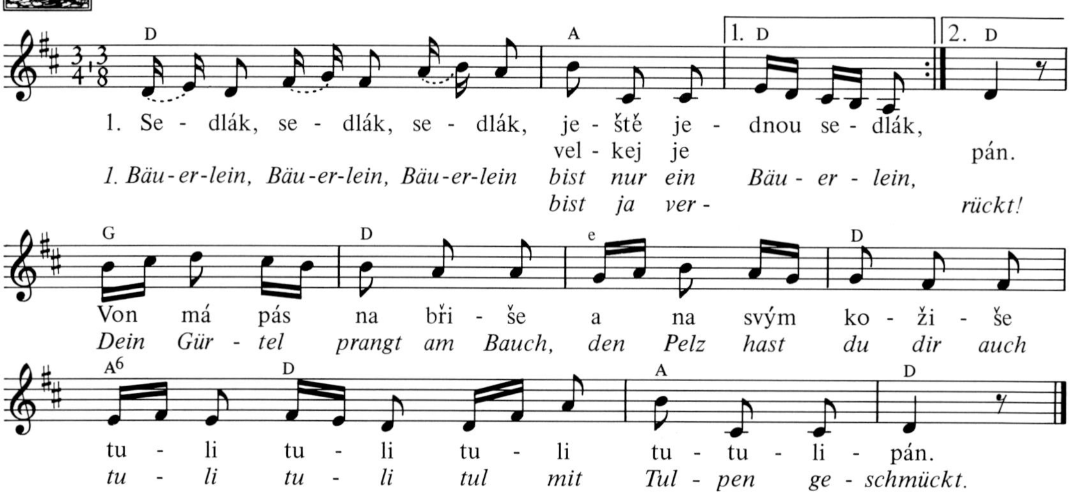

2. Koukej, koukej, koukej, jak se (sedlák) hloupej;
von jede na pole, má hodinky dvoje;
koukej, koukej, koukej, jak je hlou-pej!

2. Schau nur, schau nur, schau nur, schau nur, wie schlau er ist,
schau nur, schau nur, schau nur, schau nur, wie schlau.
Da fährt von dannen er mit zwei Gespannen schwer,
schau nur, wie schlau, schau nur, schau nur, wie schlau.

Text und Melodie: volkstümlich aus der Tschechoslowakei, deutsche Textfassung: Heinrich Möller, aus „Das Lied der Völker",

Zu diesem Lied gehört der böhmische Volkstanz „Furiant". Der Volkstanz ahmt das Schreiten eines aufgeblasenen Bauern nach (Figurentanz). Tanz und Melodie wurden Anregung zu einer Tanzszene in der Oper „Die verkaufte Braut" von Friedrich Smetana (1824 - 1884).

Io mi sono un poveretto

163

2. S'esser vuoi un buon soldata va alla guerra sempre armato
purche tirino i cannoni al meno un piatto di maccheroni.

3. Pulcinella mezzo spento volea fare il testamento,
purchè a vesse dai padroni un grosso piatto di maccheroni.

4. Tarantella si è cantata due carlini si è pagata
sono allegro, o compagnoni, ne compreremo de' maccheroni.

Die wörtliche Übersetzung lautet:

1. Ich bin ein armer Kleiner ohne Haus und ohne Bett,
ich würde meine Hosen verkaufen für eine Schüssel mit Makkaroni.

2. Wenn du ein guter Soldat sein willst, gehe immer bewaffnet in den Krieg:
wenn nur die Kanonen mindestens einen Teller Makkaroni abfeuern.

3. Pulcinella, halb tot, wollte sein Testament machen;
wenn er nur von den Herren einen großen Teller Makkaroni bekäme.

4. Man hat die „Tarantella" gesungen und zwei Taler bekommen,
ich bin vergnügt, ihr Kameraden, wir kaufen uns davon Makkaroni.

Das Lied geht ursprünglich auf Vorstellungen des Straßentheaters – commedia dell'arte – in Neapel zurück. Die Strophe von Pulcinella – dem komischen Diener oder Hanswurst in der italienischen Komödie – läßt darauf schließen. Die Strophe von der „Tarantella" gibt einen Hinweis auf den Ursprung der Melodie. Tarantella ist ein schneller Tanz im Sechsachteltakt, der aus Süditalien stammt. Der Name kommt entweder von der Stadt Tarent oder von der in Süditalien vorkommenden Spinne „Tarantel", deren Biß eine Art Veitstanz hervorrufen soll. Angeblich konnte der Biß dieser Spinne nur geheilt werden, wenn man bis zur Erschöpfung „Tarantella" tanzte.

Text und Melodie: volkstümlich aus Italien, Satz: Walter Kraft, aus „Unser Chorbuch",

Maciek

164

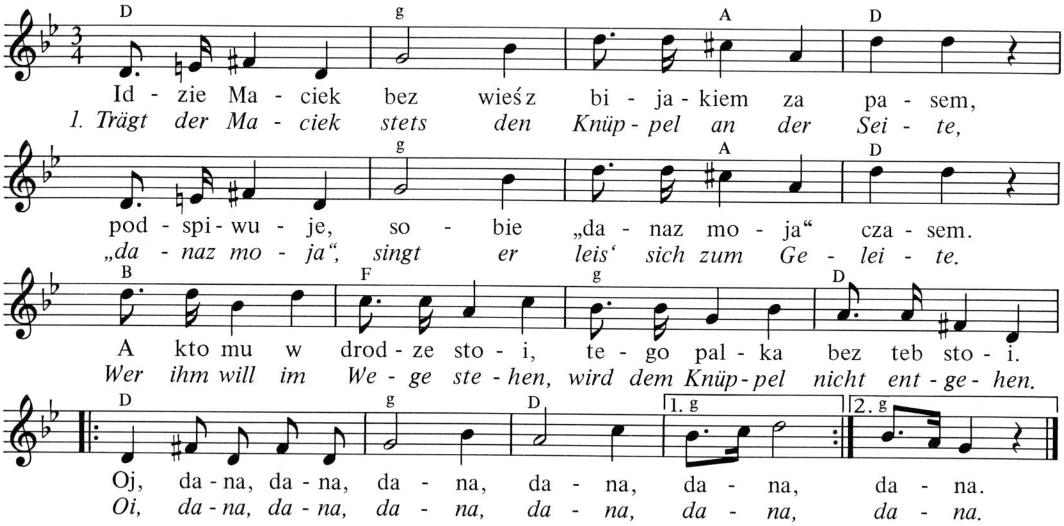

2. Krank ist Maciek, ach, wie ist er zu beklagen!
War im Wirtshaus leider nicht mehr seit vier Tagen.
Ach, wer wird uns jetzt was singen? Wer wird uns das Bier jetzt bringen?

3. Tot ist Maciek, kann sich nimmermehr erheben.
Mög der Herrgott ihm die ewge Ruhe geben.
Er war sündig wie nur einer, und unsterblich ist ja keiner.

4. Mitten in dem Dorfe sollt die Bahre stehen.
Alle guten Freunde wollten zu ihm gehen.
Keiner kann ihm Hilfe geben, Maciek kommt nicht mehr zum Leben.

5. Tot ist Maciek leider, liegt dort auf dem Brette.
Ach, daß man ein Tänzchen ihm gespielt noch hätte!
Die Mazurka aufgeführet, hätt den Toten noch gerühret.

Text und Melodie: aus Polen, Textfassung: Luise Leonhardt, aus „Pro Musica Liederbuch“,

Der Rhythmus dieses Liedes entspricht dem des polnischen Tanzes Mazurka, wie er in Tanzweisen und rein instrumentalen Mazurkakompositionen vorkommt, z.B. bei Frederic Chopin. Beim Volkstanz Mazurka laufen Paare rund um den Raum, stampfen, knien nieder und machen insgesamt sehr temperamentvolle Tanzgesten.

Kujawiak

„Kujawiak“ ist neben der Mazurka ein zweiter bekannter Volkstanz in Polen. Er stammt aus der Landschaft „Kujawien“ und ist ein langsamer Drehtanz. Oft wird er mit der schnelleren Mazurka zu einer Tanzfolge verbunden. Die Melodie oben ist eine der vielen, zu der man „Kujawiak“ tanzen kann und gehört zu dem Lied „Czerwone Jablusko“.

Katjúsa

2. Выходи́ла, пе́сню заводи́ла
Про́ степно́го си́зого орла́,
Про́ того́, кото́рого люби́ла,
Про́ того́, чьи письма берегла́.

3. О́й ты, пе́сня, пе́сенка деви́чья,
Ты лети́ за я́сным со́лнцем вслед.
И бойцу́ на да́льнем пограни́чье
О́г Катю́ши пе́реда́й приве́т.

4. Пуеть он вепо́мнит де́вушку просту́ю,
Пуеть услы́шнт, ка́к она́ ноёт,
Пуеть он зе́млю бе́режет ролну́ю,
А́ любо́вь Катю́ша сбережёт.

5. Отцвели вы я́блони и гру́ши,
У плыли́ тума́ны нал реко́й.
У ходи́ла с бе́рега Катю́ша,
У носи́ла пе́сенку домо́й.

2. Výchadila, pésnju zavadila,
pró stepnóvo sizovo arlá,
pró tavó, katórovo ljuíla,
pró tavó, čji písjma bereglá.

3. Ój ty, pésnja, pésenka divícja,
ty letí za jásnym sólncem vsljéd,
i bojcú na dáljnim pagraníčje
at Katjušy péredáj privjét.

4. Pústj on vspómnit dévušku prastúju
pústj uslýšyt, kak aná pajót,
pústj on zémlju béřežet radnúju,
a ljubóv Katjúša zbereźót.

5. Ateveli vy, jábloni i grúšy,
uplylí tumány nad rekój.
Uchadila zbérega Katjúša,
unasila pésenku damój.

1. Bäume blühten, und es blühten Blumen, Nebel lagen über Fluß und Land,
früh hinaus zum Ufer ging Katjuscha, trat hinaus zum steilen Uferrand.

2. Ging hinaus, ein Liedchen auf den Lippen, sang vom Steppenadler in der Luft,
sang von jenem, den sie so sehr liebte, dessen Briefe sie am Busen trug.

3. Flieg, du Liedchen aus dem Mädchenherzen, flieg zur Sonne, flieg hinab den Fluß,
dem Soldaten bringe in der Ferne, von Katjuscha bring ihm einen Gruß!

4. Sag, er soll des Mädchens treu gedenken, sag, sie sing mit ungebrochnem Mut,
daß er wache an der Heimat Grenze, denn die Lieb bewahr Katjuscha gut.

5. Und verblüht die Bäume warn, die Blumen, fortgeweht die Nebel überm Fluß,
fort vom Ufer wieder ging Katjuscha, trug nach Haus das Liedchen und den Gruß.

Russischer Text: M. Isakovskij, Melodie: M. Blanter, deutscher Text: Günter Gerstberger,

Dieses Lied wird heute meist in Verbindung mit dem russischen Volkstanz „Kasatschok" gebracht. Es ist aber wohl unabhängig davon entstanden und komponiert von M. Blanter. Die heutige Tanzform des Kasatschok, wie sie auch häufig in den Medien erscheint, geht auf alte Kosakentänze – also reine Männertänze – zurück. Sie wurden mit „wilden" Schritten und Sprüngen – auch in der Hocke – getanzt.

Polonaise

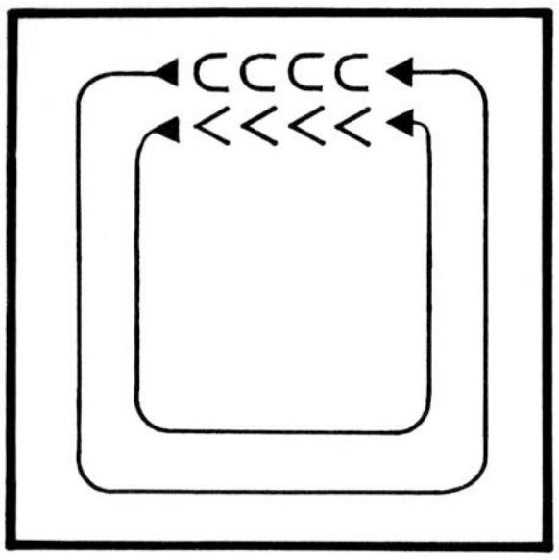

Umschreiten desRaumes.

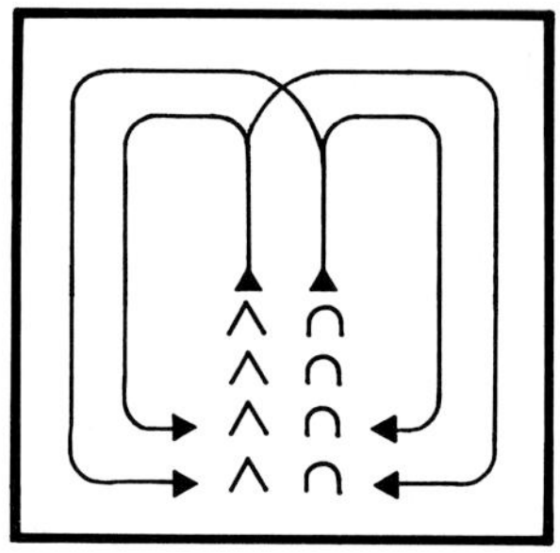

Paare biegen abwechselnd rechts oder links ab (Reißverschluß).

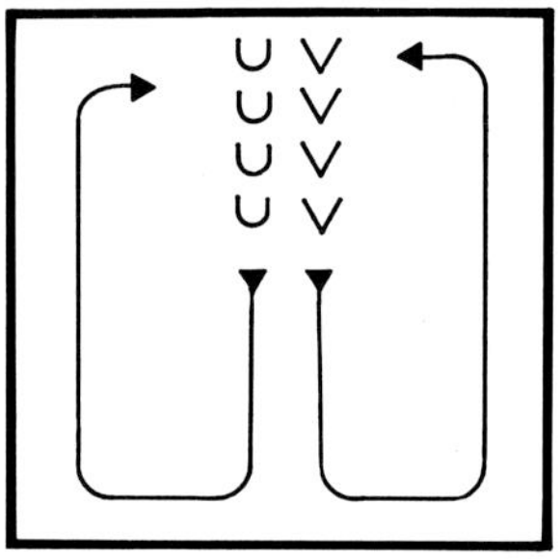

Durch die Mitte des Raumes (Halbieren).

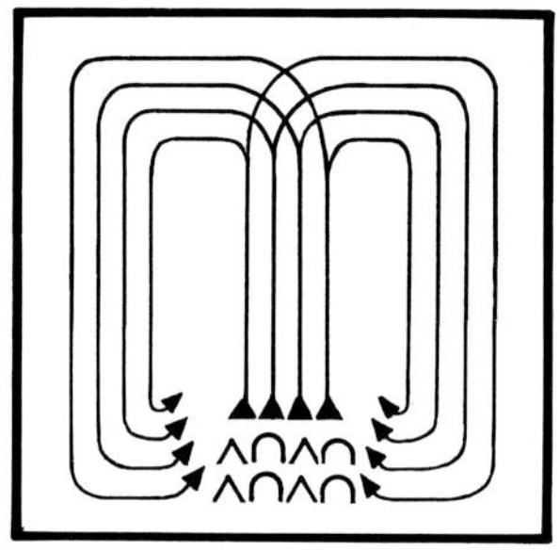

Jeweils zwei Paare biegen abwechselnd rechts oder links ab.

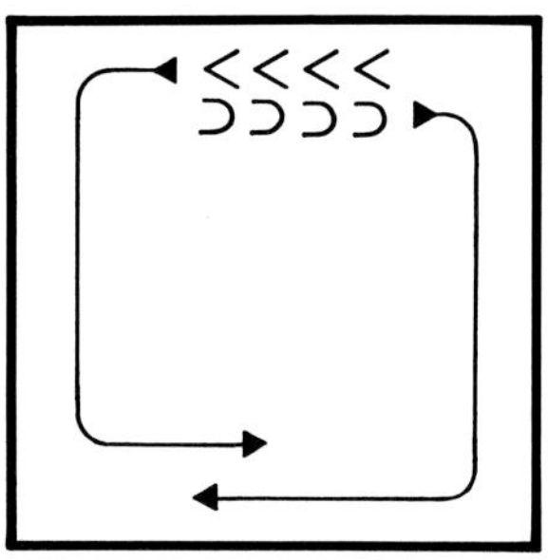

Der Gegenreihe begegnen.

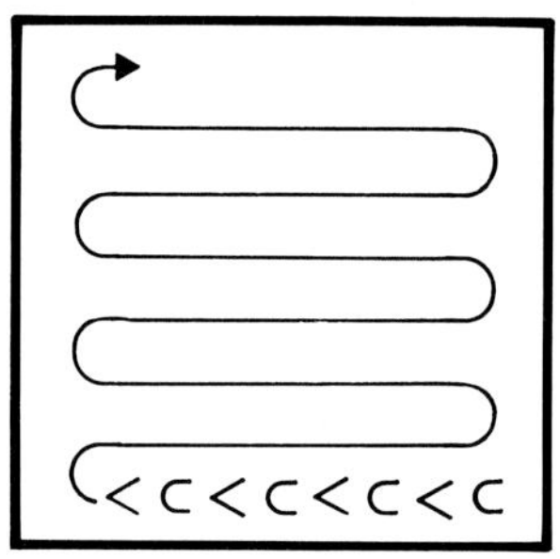

Die erste Achtergruppe wird zum Kopf der Schlange.

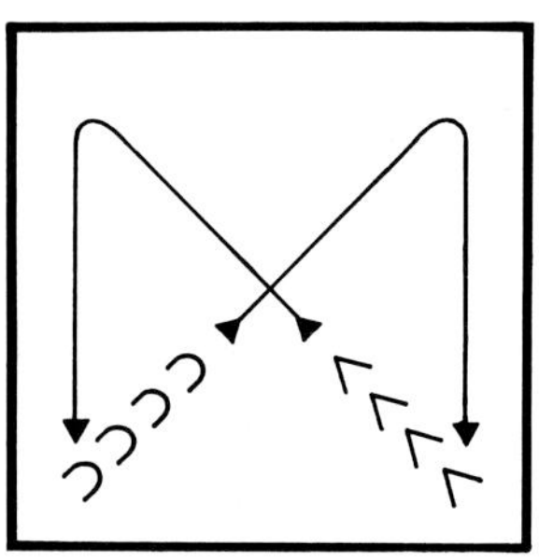

Partner kreuzen in der Raummitte (Reißverschluß, Tänzerinnen haben Vortritt).

Die Schlange wird zur Spiralbewegung in die Raummitte und wieder heraus.

> = Junge Ↄ = Mädchen ▶——▶ = Raumweg

Im Anschluß an die hier vorgeschlagenen Figuren kann man mit neuen fortsetzen oder schon getanzte wiederholen, so lange die Musik dauert.

Die Polonaise ist eine traditionelle Art, ein Fest oder einen Tanzabend zu eröffnen. Früher schritten die Paare ruhig und gemessen im 3/4-Takt durch den Festraum. Heute wird die Polonaise meist zu geradtaktiger Musik marschiert. Der Ursprung des Namens, die Entstehungszeit und das Land sind nicht sicher bekannt. Man nimmt an, daß Polen das Entstehungsland ist.

Wir reiten geschwinde – Kanontanz

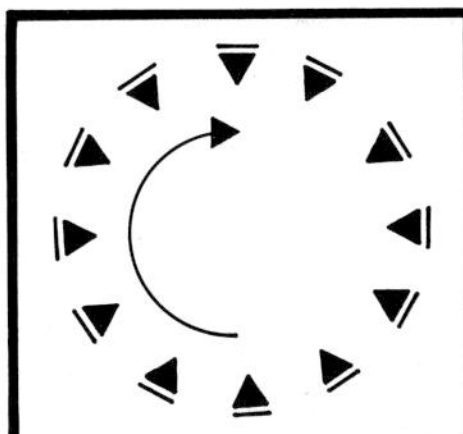	*Seitgalopp gegen Tanzrichtung.*	*V-Fassung:* 

Wiederholung in Tanzrichtung.

	*Mit Hüpfschritten auf der Kreisbahn – ein Partner rückwärts, der andere vorwärts – in Tanzrichtung.*	*Zweihandfassung:* 

Wiederholung gegen Tanzrichtung.

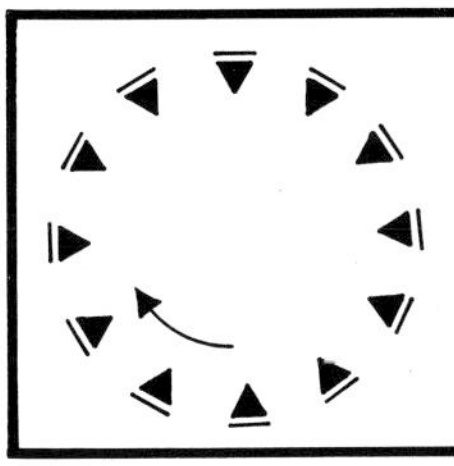	*3 Stampfer am Ort,* *dazu klatschen,* *dann Seitgalopp gegen Tanzrichtung.*	*V-Fassung:* 

Wiederholung in Tanzrichtung.

In 3 konzentrischen Kreisen als Kanon tanzen.

▶ = Junge oder Mädchen (= in Tanzrichtung (= gegen Tanzrichtung

Text und Melodie: volkstümlich, Tanzfassung: Peter Tomanke, Tanznotation: © Klett Verlag, Stuttgart.

Savila se bela loza

A

1. Sa-vi-la se be-la lo-za vi-no-va
2. To ne be-še be-la lo-za vi-no-va
3. E-to be-še to je mi-li i dra-gi.

} uz ta-ra-bu vi-no-va, uz ta-ra-bu vi-no-va, uz ta-ra-bu vi-no-va.

	*Laufschritte vorwärts in Tanzrichtung.*	*V-Fassung:* 

Wiederholung gegen Tanzrichtung.

B

To-dor To-di pod-va-li-o tri put cu-ru pol-ju-bi-o. To-dor To-di pod-va-li-o

tri put cu-ru pol-ju-bi-o, tri put cu-ru pol-ju-bi-o, tri put cu-ru pol-ju-bi-o.

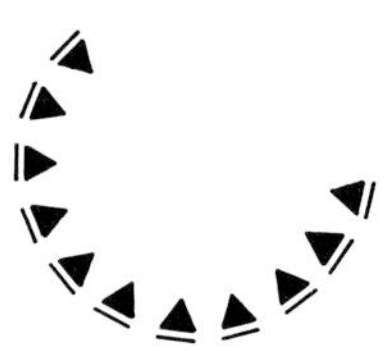

♩	♩	♩	♩	♩	♩	♩	♩
r *seit*	*l* *kreuzt hinter r*	*r* *seit*	*r* *federt, linkes Knie leicht heben*	*l* *seit*	*r* *kreuzt hinter l*	*l* *seit*	*l* *federt, rechtes Knie leicht heben*

V-Fassung:

r = rechter Fuß *l* = linker Fuß

Sinngemäße Übersetzung des Liedtextes:

1. *Die weißen Weinreben biegen / ranken sich um den Weinstock. Todor (ein großer Bursche) hat Todi (ein kleinerer Bursche) reingelegt / hintergangen, um ein Mädchen dreimal zu küssen.*
2. *Doch es waren nicht die weißen Weinreben, die sich um den Weinstock ranken. Todor hat Todi ...*
3. *Seht her, ihr lieben Leute, so war es.*

Text und Melodie: volkstümlich aus Serbien, Tanznotation:

Milanovo Kolo

Front zur Kreismitte

r	*r*	*l*	*l*	*r*	*l*	*r*	*l*	*r*
Schritt	*hüpf*	*Schritt*	*hüpf*	*seit*	*kreuzt hinter r*	*Stampf.*	*Stampf.*	*Stampf.*

V-Fassung:

Wiederholung in Gegenrichtung mit gegengleichen Füßen: l l | r r | l r | l r | l

r	*l*	*r*	*l*	*r*	*l*
Schritt	*Schritt*	*Schritt mit Nachfedern*	*Schritt*	*Schritt*	*Schritt mit Nachfedern*

V-Fassung:

Wiederholung.

Melodie und Tanzform: ursprünglich aus Jugoslawien, über die USA nach Europa zurückgekommen und weit verbreitet.
Tanznotation: © Klett Verlag, Stuttgart.

Kolo heißt Rad, Kreis, Reigen. Unter diesem Sammelnamen gibt es in Jugoslawien Tausende von Tänzen mit jeweils eigenen Melodien und Tanzformen.

Troika

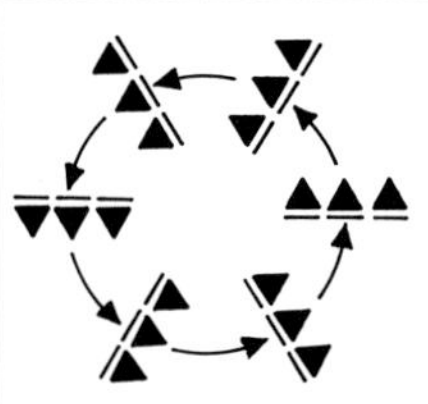

Federndes Laufen während des ganzen Tanzes.

W-Fassung:

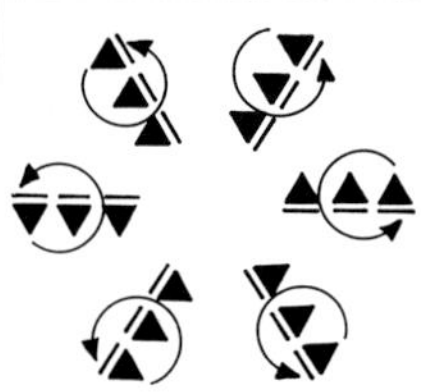

Rechts außen läuft durchs Tor. Der Mittlere dreht mit.

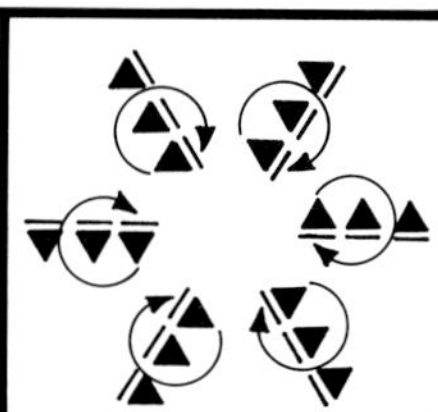

Links außen läuft durchs Tor. Der Mittlere dreht mit.

(stampfen)

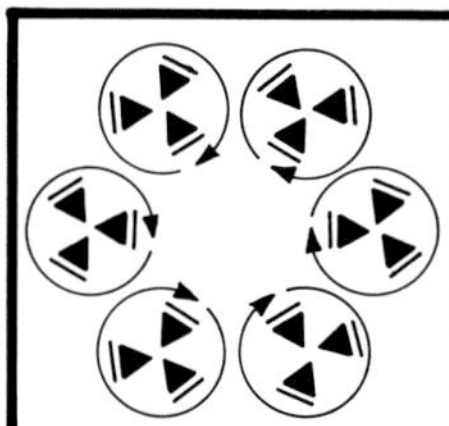

Durchfassen zum Dreierkreis. Laufen im Uhrzeigersinn. Abschließend dreimal stampfen.

(stampfen)

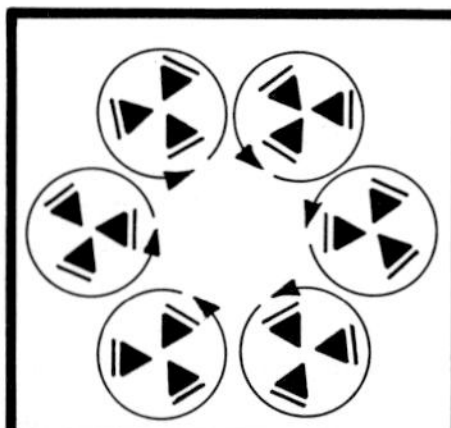

Laufen gegen Uhrzeigersinn. Abschließend dreimal stampfen; dabei wieder zur Ausgangsstellung für Teil A kommen.

Der Tanz wurde um die Jahrhundertwende von russischen Einwanderern in den USA nach einem russischen Volkslied geschaffen. „Troika" ist in Rußland ein Wagen, der von drei Pferden gezogen wird.

Tanznotation: © Klett Verlag, Stuttgart.

I come from Alabama

A

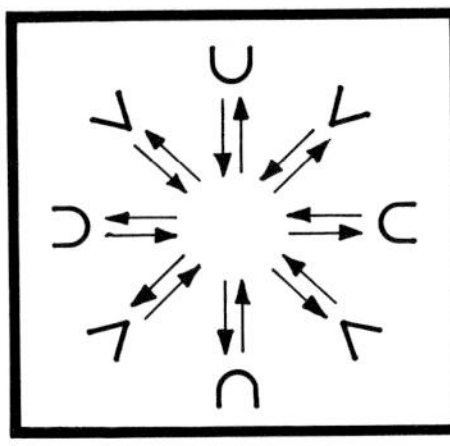

4 Schritte zur Mitte und zurück. Wiederholen.

V-Fassung:

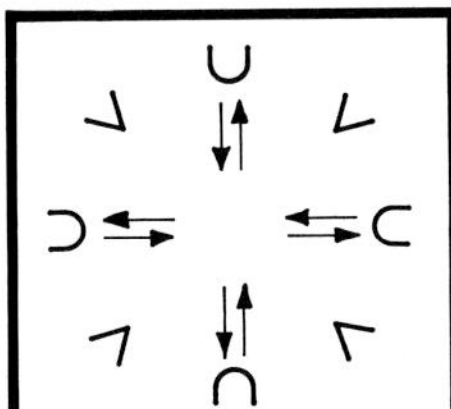

Tänzerinnen gehen 4 Schritte zur Mitte und zurück.

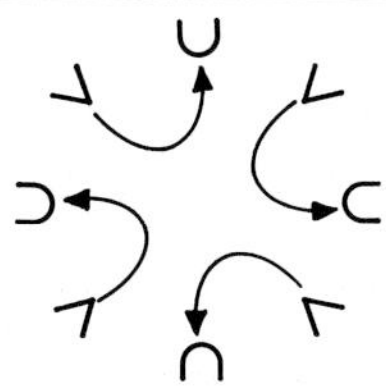

Tänzer gehen 4 Schritte zur Mitte und nach einer halben Drehung gegen Uhrzeigersinn auf die nächste Partnerin zu.

B

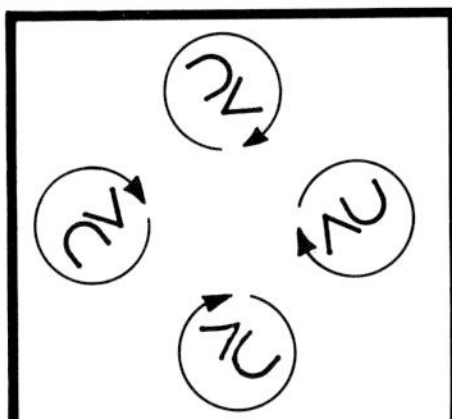

Handtour rechts im Uhrzeigersinn (8 Schritte); dann Handtour links gegen Uhrzeigersinn (8 Schritte).

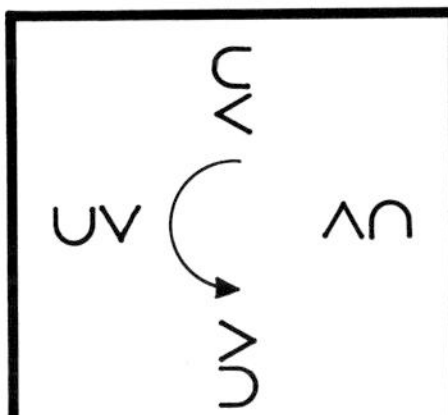

Promenade 16 Geh- oder Hüpfschritte in Tanzrichtung.

Kreuzhandfassung (rechts über links):

 = Drehung im Uhrzeigersinn

 = Drehung gegen Uhrzeigersinn

2. It rained all night the day I left,
the weather it was dry,
the sun so hot I froze of death,
Susanna, don't you cry! Oh, Susanna ...

3. The buckwheat* cake was in her mouth,
the tear was in her eye;
says I, "I'm coming from the South".
Susanna, don't you cry! Oh, Susanna ...

4. I soon will be in New Orleans,
and then I'll look around,
and when I find Susanna,
I'll fall upon the ground. Oh, Susanna ...

5. But if I do not find her then,
I'm surely bound to die,
and when I'm dead and buried,
oh, Susanna, don't you cry. Oh, Susanna ...

* buckwheat = Buchweizen

Text und Melodie: Stephen Foster, USA, (1826-1864), Tanzform nach verbreiteten Elementen, Tanznotation: © Klett Verlag, Stuttgart.

Sellengers Round - Die große Runde

A1 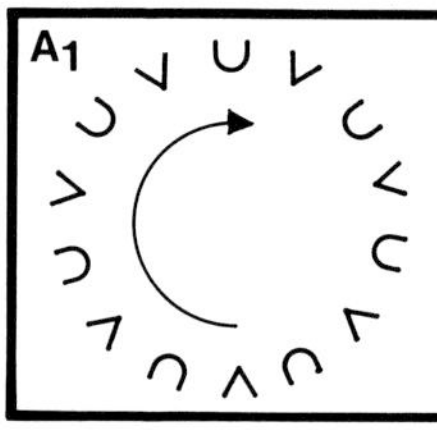	*7 Seitgaloppschritte gegen Tanzrichtung und Schlußsprung auf beide Füße.*	*V-Fassung:* 

Wiederholung in Tanzrichtung.

A2 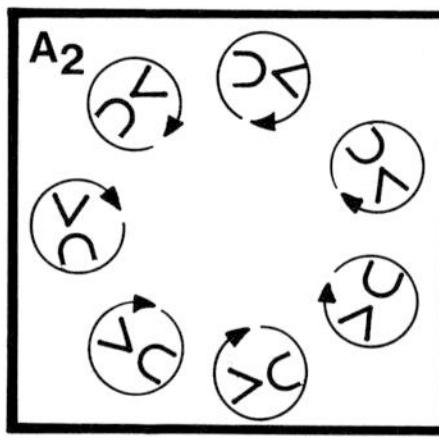	*Runde: Mit 8 Schritten ganze Drehung im Uhrzeigersinn.*	*Weite Zweihandfassung:* 

Wiederholung gegen Uhrzeigersinn.

A3 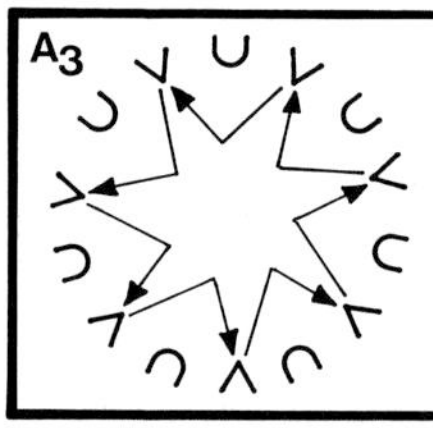	*Platzwechsel: Die Tänzer gehen 4 Schritte schräg vorwärts und mit 4 Rückwärtsschritten auf den Platz des nächsten Tänzers.*	*keine Fassung:*

Wiederholung: dasselbe für die Tänzerinnen.

A4 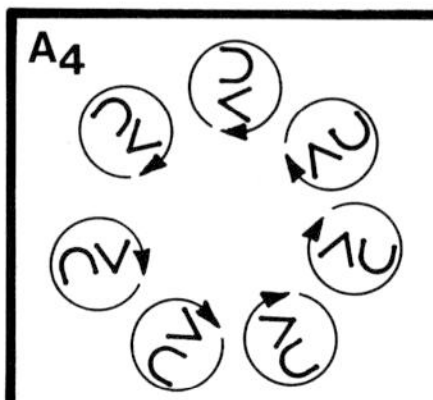	*Armen: Rechte Handgelenke gekreuzt (Puls an Puls). Mit 8 Schritten ganze Drehung im Uhrzeigersinn.*	

Wiederholung gegen Uhrzeigersinn.

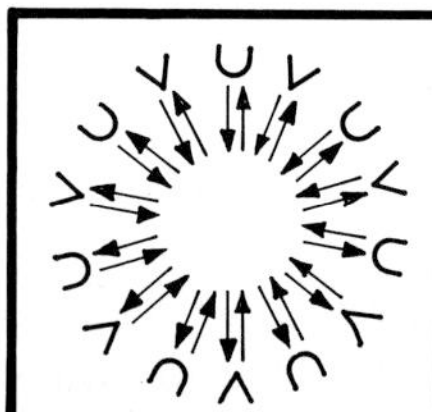	*4 Schritte zur Mitte und zurück.*	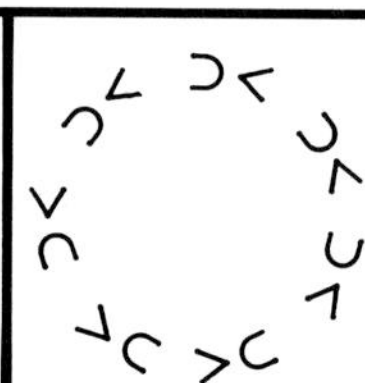	*Zwiesprung rechts:* r l r seit vor zurück r an den Platz	*Zwiesprung links:* *in Gegenrichtung mit gegengleichen Füßen*	*Ganze Drehung mit 4 Schritten im Uhrzeigersinn* 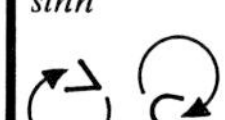

Wiederholung.

Mögliche Abfolge der Tanzteile: A1 B A2 B A3 B A4 B

Tanzform: nach den alten Beschreibungen, Tanznotation: © Klett Verlag, Stuttgart.

Black Nag - Schwarze Kunst

A1		
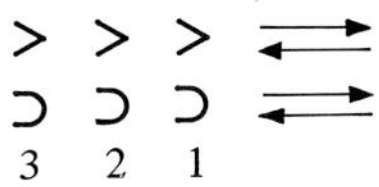	*Alle gehen:* *4 Schritte vorwärts* *4 Schritte zurück*	*Einhandfassung:* 

Wiederholung: Dasselbe noch einmal.

A2		
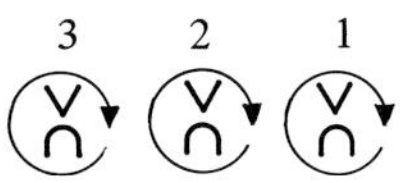	*Runde:* *Mit 8 Schritten eine ganze Paarkreisdrehung im Uhrzeigersinn.*	*Weite Zweihandfassung:* 

Wiederholung gegen Uhrzeigersinn.

A3 *Armen: wie A_4 bei "Sellengers Round".*

B1							
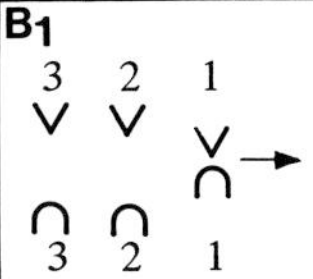	*Seitgalopp* *Paar 1*	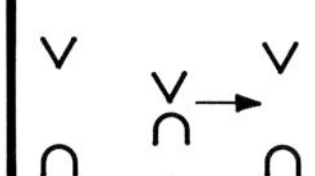	*Seitgalopp* *Paar 2*	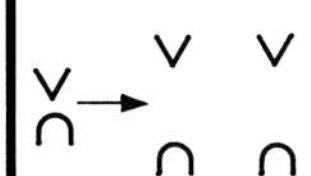	*Seitgalopp* *Paar 3*	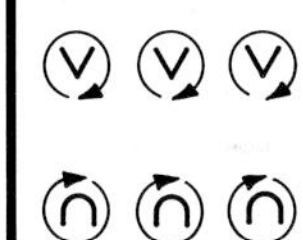	*Schlußdrehung: Jeder dreht mit 4 Schritten im Uhrzeigersinn*

Aktive Paare mit Zweihandfassung. *Wiederholung: Zurück zu den Ausgangsplätzen. Paar 3 beginnt.*

B2						
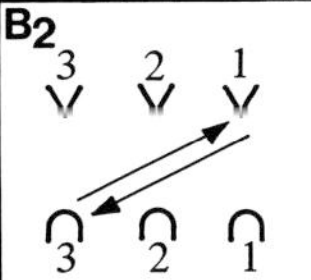	*Seitgalopp*	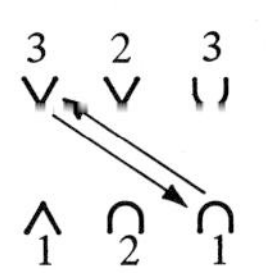	*Seitgalopp*	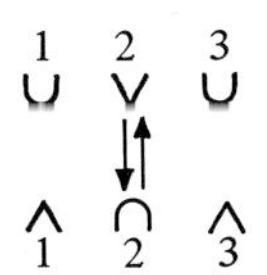	*Seitgalopp*	*Schlußdrehung wie B_1*

Wiederholung in derselben Reihenfolge auf die Ausgangsplätze zurück.

B3		
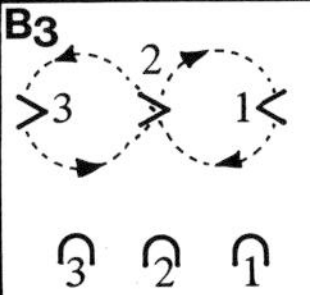	*Hecke:* *Alle Tänzer tanzen gleichzeitig eine Figur 8.* *Tänzer 1 und 2 beginnen nach links,* *Tänzer 3 nach rechts.* *Tänzerinnen pausieren.*	*Schlußdrehung wie B_1*

Wiederholung: Hecke für die Tänzerinnen. Tänzer pausieren.

Mögliche Abfolge der Tanzteile: A1 B1 A2 B2 A3 B3 Weitere Durchgänge beliebig auswählen und kombinieren.

John Playford (1623 - ca. 1686), ein Londoner Verleger und Buchhändler, gab 1650 eine Reihe mit englischen traditionellen Tänzen heraus. Die Sammlung enthielt die Melodien und die Tanzbeschreibungen. Sie war so beliebt, daß innerhalb von 80 Jahren 18 Ausgaben mit ca. 900 Tänzen herauskamen. Die beiden Kontra- oder Country Dances auf dieser Doppelseite entstammen dieser Sammlung „The English Dancing Master".

Melodie: aus „The English Dancing Master", Tanzform: nach den alten Beschreibungen, Tanznotation:

La Galette - Der Kuchen

J'ai - me la ga - let - te, sa - vez vous com- ment?
Quand elle est bien fai - te avec du beurre de - dans.

	*8 kleine Laufschritte zur Mitte* *8 Schritte zurück*	*V-Fassung:* *Die Arme werden langsam auf halbe Höhe geführt und dann gesenkt.* 

La la la la . . .

B1 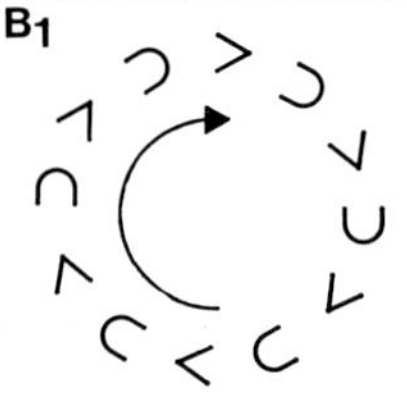	*16 Laufschritte mit Fersenwurf gegen Tanzrichtung.*	*V-Fassung:* 

Wiederholung in Tanzrichtung.

B2 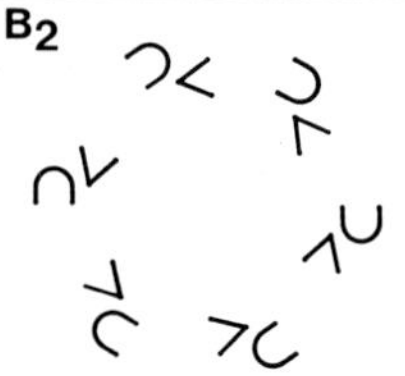	*16 Laufschritte am Platz;* *die gestreckten Beine nach vorne werfen.*	*Einhandfassung:* 

Wiederholung: zum Nachbarpartner gewandt.

B3 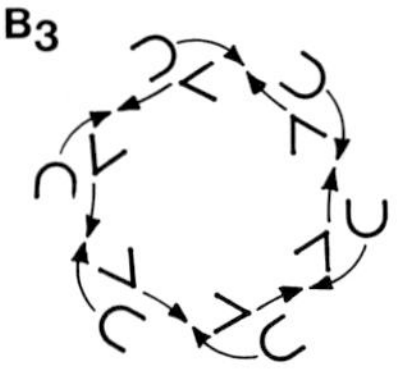	*Große Kreiskette:* *Die rechte Hand dem eigenen Partner kurz reichen, dann die linke Hand dem Entgegenkommenden;* *die Tänzer gehen in, die Tänzerinnen gegen Tanzrichtung.*

Wiederholung: Fortsetzung der Kreiskette.

Abfolge: A B1 A B2 A B3 mit beliebiger Reihung fortsetzen.

Text und Melodie: aus Frankreich, Tanzform: nach volkstümlichen Elementen von Peter Tomanke,
Tanznotation: © Klett Verlag, Stuttgart.

Jiffy Mixer

A

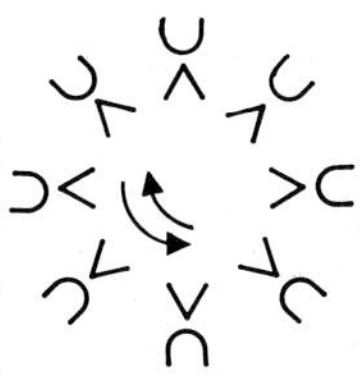

Tänzer:	♩	♩	♩	♩	♩	♩	♩	𝄽
	l	*l*	*l*	*l*	*l*	*r*	*l*	
	Hacke	*Spitze*	*Hacke*	*Spitze*	*seit*	*ran*	*seit*	
gegengleich:	♩	♩	♩	♩	♩	♩	♩	𝄽
	r	*r*	*r*	*r*	*r*	*l*	*r*	
	Hacke	*Spitze*	*Hacke*	*Spitze*	*seit*	*ran*	*seit*	
Tänzerin:	♩	♩	♩	♩	♩	♩	♩	𝄽
	r	*r*	*r*	*r*	*r*	*l*	*r*	
	Hacke	*Spitze*	*Hacke*	*Spitze*	*seit*	*ran*	*seit*	
gegengleich:								

Standbein und Hüfte drehen mit (twisten)

Zweihandfassung oder Butterfly:

B

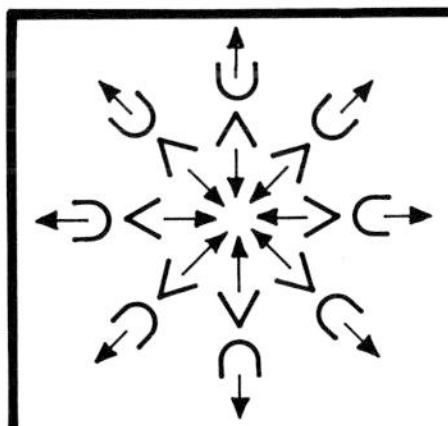

4 Rutscher mit geschlossenen Füßen rückwärts: Beim Beugen klatschen.

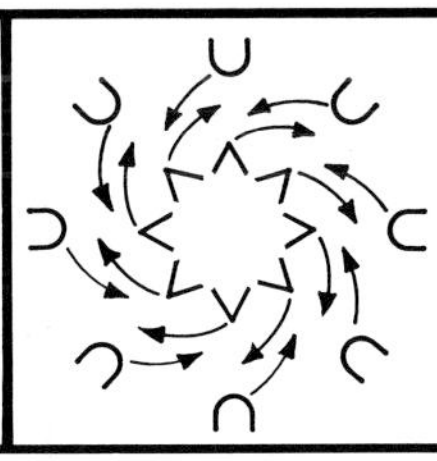

Mit 4 langsamen Schritten (𝅗𝅥) gehen beide Partner auf ihren neuen Partner zu.

ohne Fassung

Der Tanz beginnt von vorne mit dem neuen Partner.

Variante: **A**

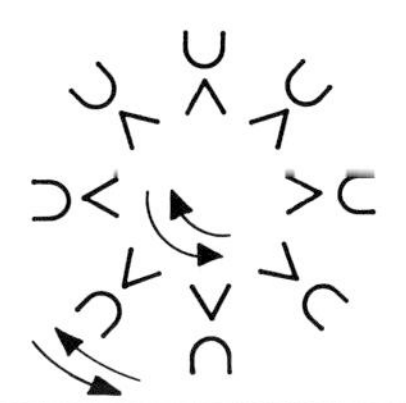

Die Partner tanzen dieselben Schritte wie bei A, doch beginnen beide mit dem gleichen Fuß. Dadurch bewegen sie sich zunächst auseinander, bei der gegengleichen Bewegung kommen sie wieder voreinander zu stehen.

ohne Fassung

B

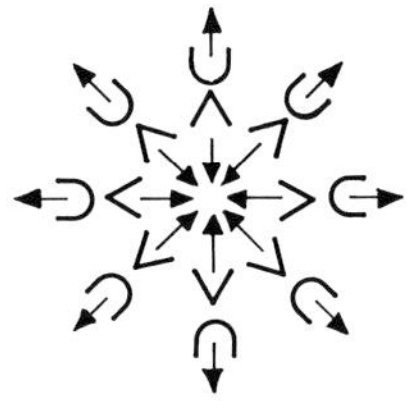

4 Rutscher mit geschlossenen Füßen rückwärts: Beim Beugen klatschen.

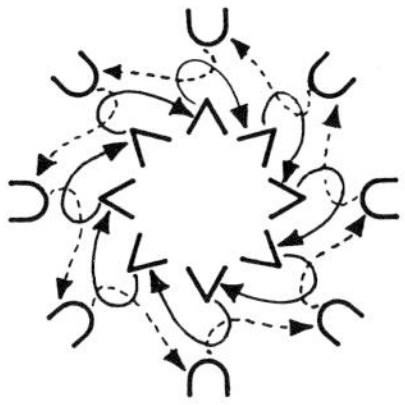

Dos à dos (Rücken an Rücken) mit Partnerwechsel: Die Partner gehen rechtsschultrig aneinander vorbei, passieren einander Rücken an Rücken, gehen linksschultrig aneinander vorbei und rückwärts auf den neuen Platz.

ohne Fassung

Paartanz Mixer von Kathy und Jerry Helt aus den USA. Erweiterte Tanzbeschreibung: Peter Tomanke,
Tanznotation:

Hava nagila

170

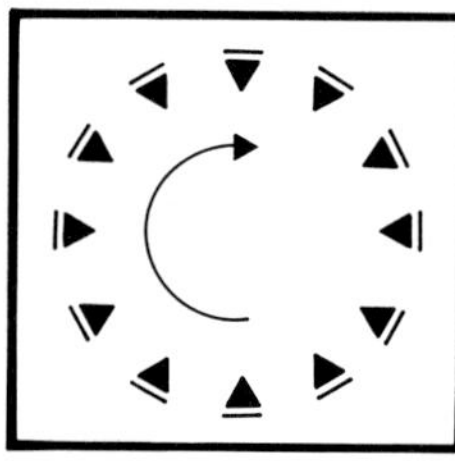

l *seit*	*r* *kreuzt hinter* *l*	*l* *seit*	*l* *federt* *r* *schwingt über*	*r* *seit*	*r* *federt* *l* *schwingt über*

V-Fassung oder T-Fassung:

Aufstellung auch im Halbkreis.

Die Schrittfolge wird während des ganzen Tanzes wiederholt.

Text aus dem alten Testament:

Auf, jubelt und freut euch, auf, singt, erhebt euch, ihr Brüder, mit fröhlichem Herzen.

Melodie und die Tanzform „Hora“ stammen aus den Balkanländern. „Hora“ ist der Nationaltanz Israels geworden und wird in vielen Horaschrittvarianten und mit vielen verschiedenen Melodien getanzt. Der Text wurde nach biblischen Texten von Zwi Idelsohn verfaßt (+ 1938).

Mayim, Mayim 171

A

♩	♩	♩	♩
r kreuzt vor l	*l seit*	*r kreuzt hinter l*	*l seit*

V-Fassung:

B

4 Schritte zur Mitte und zurück.

Dabei werden die Arme gehoben und gesenkt.

Überleitung: 4 Laufschritte gegen Uhrzeigersinn auf der Kreisbahn.

C

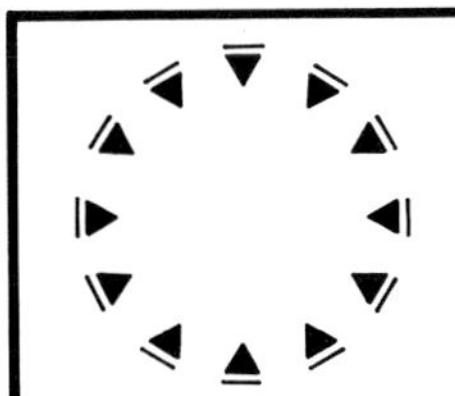

♩	♩	♩	♩	♩	♩	♩	♩
l hüpfen r tippt vorne nach l	*l hüpfen r tippt vorne nach r*	*l hüpfen r tippt vorne nach l*	*l hüpfen r tippt vorne nach r*	*l hüpfen r tippt vorne nach l*	*l hüpfen r tippt vorne nach r*	*l hüpfen r tippt vorne nach l*	*umspringen auf rechts*

Wiederholung mit gegengleichen Füßen. Zu den geraden Zählzeiten klatschen.

Diesem israelischen Tanz liegt ein Text aus dem Alten Testament zugrunde: „Ihr werdet schöpfen aus den Quellen des Heils" (Jes. 12,3). Er ist in der Tradition der Regenbeschwörungstänze bei den Neusiedlern in der Wüste entstanden.

Pera stus pera kambus

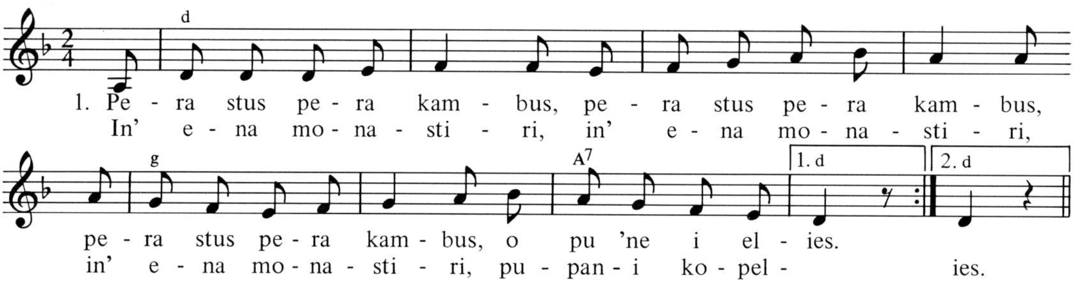

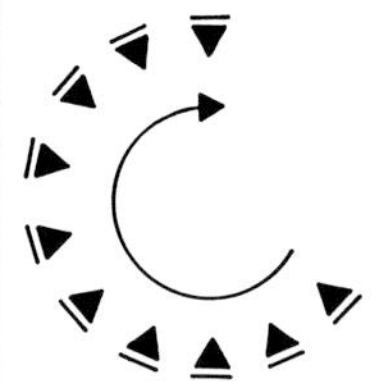

♩	♩	♩	♩
l seit	*r kreuzt über l*	*l seit*	*r kreuzt über l Knie beugen*

8 Takte lang wiederholen letzten Schritt beistellen ohne Gewicht.

V-Fassung:

Wiederholung: in Gegenrichtung mit gegengleichen Füßen.

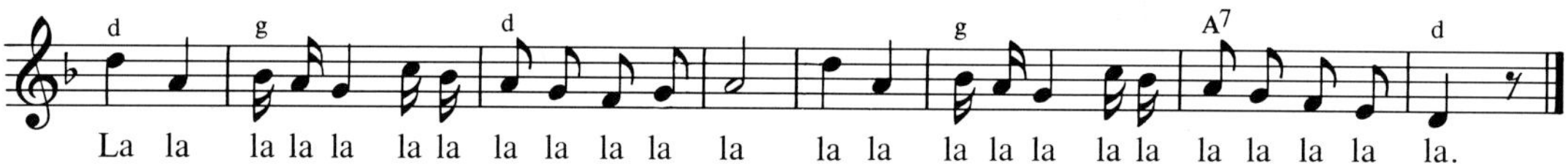

♩	♩	♩	♩	♩	♩	♩	♩
l seit	*r kreuzt über l*	*l seit*	*l nachfedern gleichzeitig r Knie heben*	*r seit*	*r nachfedern gleichzeitig l Knie heben*	*l seit*	*r anstellen ohne Gewicht*

W-Fassung:

Schrittfolge wiederholen – in Gegenrichtung mit gegengleichen Füßen: r l r r usw.

Pao ki ego o kaimenos
ja na liturjitho
na kano to stavro mu
san kathe christiano.

Vlepo mia panta ki alli
vlepo mia kopelia
pu'kane to stavro tis
ke lambi i ekklisia.

Roto, xanaroto ti
apo pu'se kopelia?
Apo edho konta 'me
ki apo to machala.

Drüben in den Feldern, wo die Olivenbäume stehen,
ist ein kleines Kloster, zu dem die Mädchen gehen.

Dorthin gehe auch ich Armer, um den Gottesdienst zu hören,
um mein Kreuz zu schlagen wie jeder Christ.

Ich sehe immer wieder eine andere, ich sehe nur noch ein Mädchen.
Sie schlägt ihr Kreuz und die Kirche erstrahlt.

Ich frage sie und frage sie immer wieder: Woher bist du, Mädchen?
Ich bin hier aus der Nähe, aus dem Viertel.

Lied und Tanz stammen von Karpathos, einer Insel zwischen Rhodos und Kreta. Sie war lange Zeit von der Außenwelt unberührt und hat deshalb die Tradition bewahrt. Bei uns ist die Melodie als Kennmelodie der Sendung für die griechischen Mitbürger im Rundfunk bekannt. Die Tanzform ist nicht einheitlich verbreitet, sondern existiert unter Griechen in voneinander abweichenden Versionen. Ebenso ist es mit Text und Melodie. Die vorliegende Tanzform wird an griechischen Schulen unterrichtet.

Text und Melodie: volkstümlich aus Griechenland, Tanznotation: © Klett Verlag, Stuttgart.

Kalamatianos: Samiotissa

173

Mädchen aus Samos, wann wirst du nach Samos fahren?
Daß ich Rosen an den Strand streue, Rosen in den Sand.

Text und Melodie: volkstümlich aus Griechenland

Kinise i Yerakina

174

Jerakina ging, um kühles Wasser zu holen. Drum drum drum,
drum drum drum schlugen ihre Armreifen aneinander.

Text und Melodie: volkstümlich aus Griechenland.

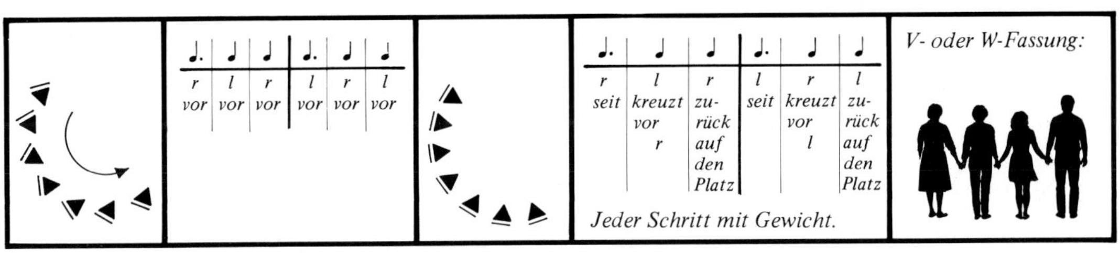

Der Grundschritt umfaßt 4 Takte und wird fortwährend wiederholt.

Kalamatianos gilt als der griechische Nationaltanz und wird an griechischen Schulen unterrichtet.
Dieser Reigentanz geht in seiner Entstehung auf die Antike Griechenlands zurück und wurde „Hormos" genannt. Der heutige Name entstand erst später und zwar nach einem der vielen Lieder, zu denen man den Kalamatianos tanzen kann. In diesem Lied kam die Stadt „Kalamata" vor.
Die rhythmische Grundstruktur ♩. ♩ ♩ (lang-kurz-kurz) dient als Basis für weitere Schritte und Schrittimprovisationen. Die Qualität des Tänzers zeigt sich im Erfinden neuer Schrittvarianten sowie in der Kühnheit seiner Sprünge und Drehungen.

Holsteiner Dreitour

Ausgangsstellung ist die Viereckformation von Teil B, für Teil A durchfassen zum Kreis.

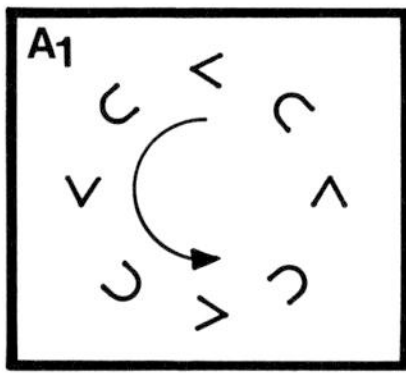	*16 Schritte in Tanzrichtung.*	*V-Fassung:* 

Wiederholung gegen Tanzrichtung.

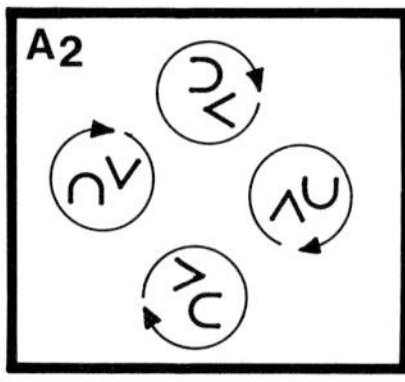	*Handtour rechts im Uhrzeigersinn mit dem Partner (16 Schritte).*	

Wiederholung: Handtour gegen Uhrzeigersinn.

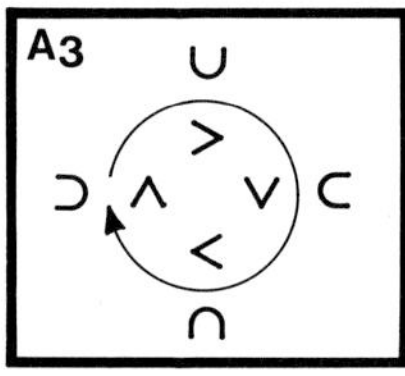	*Tänzermühle im Uhrzeigersinn (16 Schritte).*	

Wiederholung: Tänzermühle gegen Uhrzeigersinn.

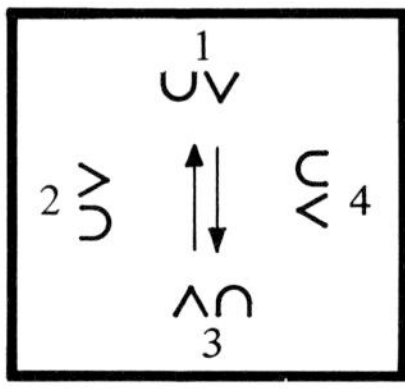	*Platzwechsel von Paar 1 und 3: Paar 3 bildet ein Tor, Paar 1 geht durch. Zurück auf die Ausgangsplätze: Paar 1 bildet jetzt das Tor.*	*V-Fassung:* 

Wiederholung mit Paar 2 und 4, Paar 4 bildet das erste Tor.

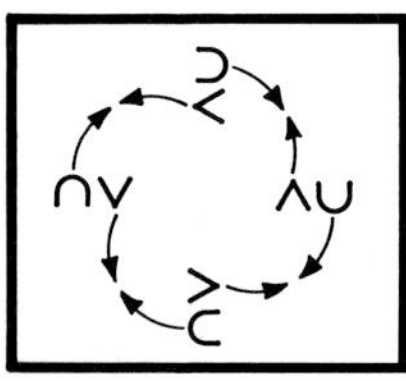	*Halbe Kreiskette: Tänzer gehen in, Tänzerinnen gegen Tanzrichtung bis zum Gegenplatz. Wechselweise den Entgegenkommenden die rechte und die linke Hand reichen. Am Gegenplatz Handtour im Uhrzeigersinn mit dem eigenen Partner.*

Wiederholung: Fortsetzung der Kreiskette bis zum Ausgangsplatz, dort Handtour im Uhrzeigersinn mit dem eigenen Partner.

Abfolge: A1 B C A2 B C A3 B C usw.

Volkstümliche Melodie und Tanzform aus Norddeutschland, Tanznotation:

Sternpolka

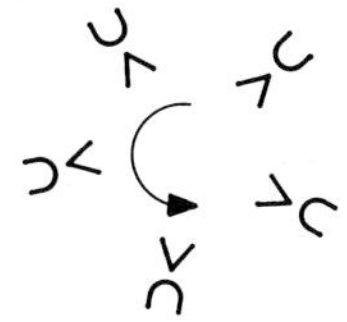	*Seitgalopp auf der Kreisbahn in Tanzrichtung.*	*Zweihandfassung:* 

Wiederholung gegen Tanzrichtung.

Alternative:

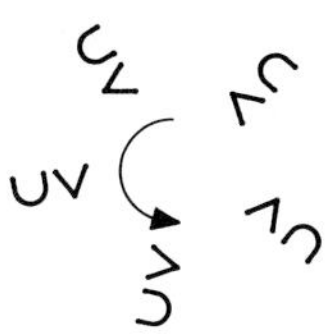	*Wechselschritt (Polkaschritt) auf der Kreisbahn in Tanzrichtung, im 8. Takt über innen (die Hände bleiben gefaßt) in die Gegenrichtung drehen.*	*Kreuzhandfassung:* 

Wiederholung gegen Tanzrichtung.

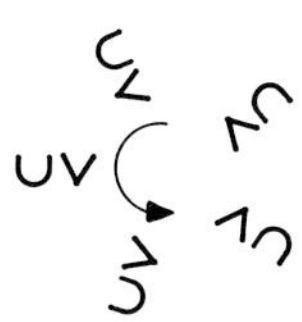	*Paarweise auf der Kreisbahn in Tanzrichtung gehen.* *Tänzer legen die linke Hand auf die linke Schulter des Vordermannes.* *V-Fassung mit der Partnerin.*	

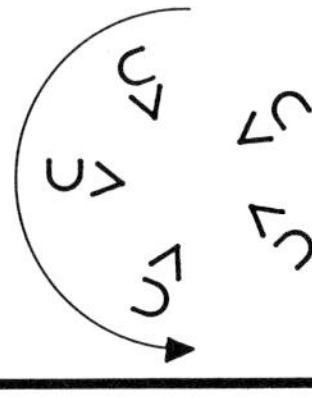	*Tänzerinnen gehen in Tanzrichtung weiter und stehen am Schluß hinter einem neuen Partner.* *Tänzer stehen und klatschen: auf die Schenkel,* *in die eigenen Hände,* *in die Hände der beiden Nachbarn,* *in die eigenen Hände.*

Der Tanz wird nach einem Ort in der Tschechoslowakei auch „Doudlebska Polka" oder nach der österreichischen Stadt „Linzer Polka" genannt. Auf dem Weg über die USA – dort wurden die deutschen Volkstänze von Einwanderergruppen gepflegt – kam er wieder zu uns.

Volkstümliche Melodie, Tanznotation: © *Klett Verlag, Stuttgart.*

Branle 1

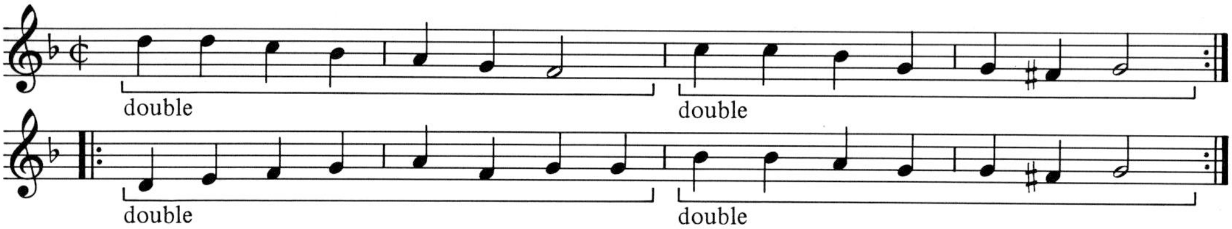

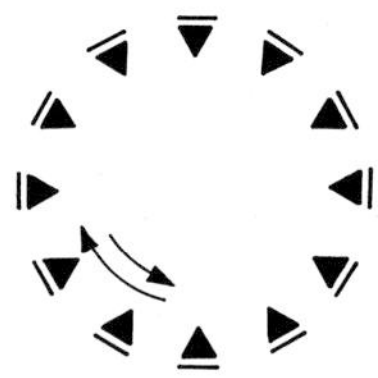

𝅗𝅥	𝅗𝅥	𝅗𝅥	𝅗𝅥	𝅗𝅥	𝅗𝅥	𝅗𝅥	𝅗𝅥
l seit	*r ran*	*l seit*	*r ran ohne Gewicht*	*r seit*	*l ran*	*r seit*	*l ran ohne Gewicht*
double links				*double rechts*			

V-Fassung:

Ronde

Wird nach dem Schrittmuster von Branle 1 getanzt.

Branle 2

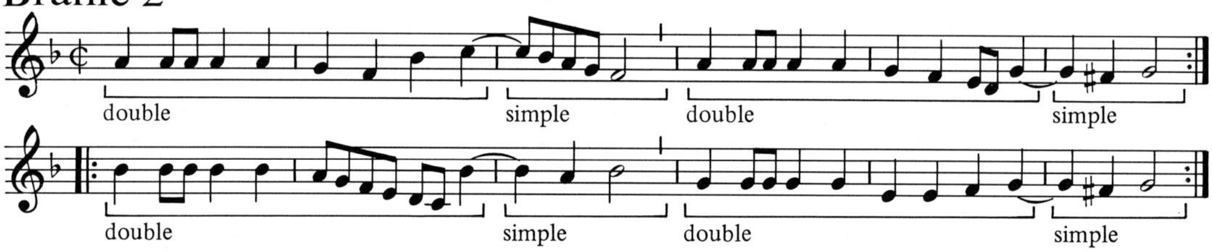

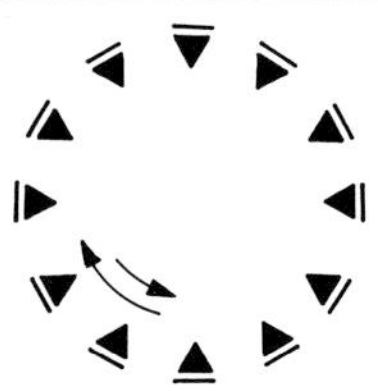

𝅗𝅥	𝅗𝅥	𝅗𝅥	𝅗𝅥	𝅗𝅥	𝅗𝅥	𝅗𝅥	𝅗𝅥	𝅗𝅥	𝅗𝅥	𝅗𝅥	𝅗𝅥
l seit	*r ran*	*l seit*	*r ran ohne Gewicht*	*r seit*	*l ran ohne Gewicht*	*l seit*	*r ran*	*l seit*	*r ran ohne Gewicht*	*r seit*	*l ran ohne Gewicht*
double				*simple*		*double*				*simple*	

V-Fassung:

Branle ist ein Sammelname für alte französische Volkstänze; jede Landschaft hatte ihre eigene Branle. Bei den Festen eines Ortes wurden Branle-Suiten getanzt, z.B. schnellere Teile für die jungen Leute und etwas gemächlichere für die älteren. Ende des 16. Jahrhunderts wurde der Branle (branler = hin und her schwingen) zu einem Gesellschaftstanz am Hof stilisiert und eröffnete oft eine Tanzsuite, in der z.B. Gavotte, Pavane, Gaillarde und Menuett folgten.

Aufzeichnung der Tänze nach Pierre Attaingnant „Französische Tänze" um 1530. Ronde: Tilman Susato, Tanzform nach überlieferten Elementen von Peter Tomanke, Tanznotation: © Klett Verlag, Stuttgart.

Pavane: Belle, qui tiens ma vie

175

2. Pourquoi fuis-tu, mignarde, si je suis près de toy,
quand tes yeux je regarde je me perds dedans moy,
car tes perfections changent mes actions.

3. Approche donc, ma belle, aprroche toy mon bien,
ne me sois plus rebelle puisque mon coeur est tien,
pour mon mal appaiser, donne moy un baiser.

Gaillarde zu „Belle, qui tiens"

Im 16. und 17. Jahrhundert war die Pavane – „der ernsteste und stolzeste der Tänze dieser Zeit" – als Gesellschaftstanz weit verbreitet. Auf diesen Schreittanz folgte immer als Nachtanz die lustige und temperamentvolle Gaillarde.
Die Pavane kommt in vielen instrumentalen Beispielen dieser Zeit vor, aber auch in gesungenen Fassungen. Die gesungenen Pavanen, wie die hier abgedruckte, sind Liebeslieder.
Die Schritte, so wie sie in den höfischen Tanzversionen vorkommen, sind uns in Haltung und Ausführung fremd. Der Name Pavane ist wohl abgeleitet von pavo im Italienischen = Pfau. Die Bezeichnung Gaillarde kommt ebenso aus dem Italienischen und heißt soviel wie lustig, stark. Die typische Bewegung ist – weil es eigentlich ein urfröhlicher Volkstanz ist: Ru de vache – als ob man jemandem mit dem Fuß einen leichten Tritt versetzen möchte.
Aufzeichnungen der Tänze: Thoinot Arbeau in seiner „Orchésographie" 1583.

Allemande: Nun will der Lenz uns grüßen

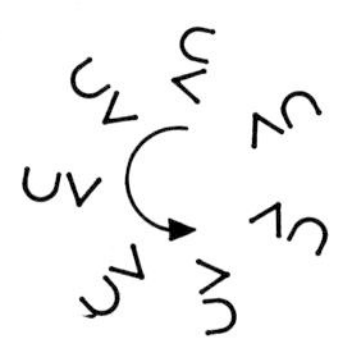

l	*r*	*l*	*l*	*r*	*l*	*r*	*r*	*l*	*l*	*r*	*r*
schräg vorwärts	*anstellen*	*schräg vorwärts*	*nachfedern r kick*	*schräg vorwärts*	*anstellen*	*schräg vorwärts*	*nachfedern l kick*	*schräg vorwärts*	*nachfedern r kick*	*schräg vorwärts*	*nachfedern l kick*
double links				*double rechts*				*simple links*		*simple rechts*	

Kiekbuschfassung:

2. Waldvöglein Lieder singen, wie ihr sie nur begehrt,
drum auf zum frohen Springen, die Reis' ist Goldes wert!
Hei, unter grünen Linden, da leuchten weiße Kleid'!
Heija, nun hat uns Kinden ein End all Wintersleid.

Allemande (= deutscher Tanz) ist die Bezeichnung für einen geschrittenen Tanz des 16. Jahrhunderts. Zeitgenossen sollen der Überlieferung nach gesagt haben, die Allemande sei „artig und fröhlich" und vermittle das Bild eines „zufriedenen Gemütes".
Sie hatte ursprünglich einen gesprungenen Nachtanz im Tripeltakt (Dreier), der aber später in Tanzsuiten z.B. durch die Courante ersetzt wurde.

Text des Liedes: nach Neidhart von Reuental, 13. Jahrh., Melodie: nach einem alten Reigenlied, Tanzform nach überlieferten Elementen von Peter Tomanke, Tanznotation:

Menuett

Menuett von Jean-Baptiste Lully (1632-1687).

Menuett

Menuett aus dem „Notenbüchlein für Anna Magdalena Bach" 1725 von Johann Sebastian Bach.

1663 soll das erste Menuett am Hofe König Ludwigs XIV., des Sonnenkönigs, in Versailles getanzt worden sein. Die Schrittfolge wurde von Pierre Beauchamp, dem Tanzmeister des Königs, festgelegt. Die Musik dazu schrieb J.B. Lully. Getanzt wurde mit zierlichen, kunstvollen Schritten. Das bringt auch der Name Menuett (menu = klein, zierlich) zum Ausdruck. Voraussetzung für das Tanzen des Menuetts war eine gute Körperbeherrschung, die man in adeligen Kreisen durch oft jahrelangen, mitunter täglichen Tanzunterricht zu erwerben suchte. Im Gegensatz zum volkstümlichen Tanz fällt auch beim Menuett die kunstvolle bis gekünstelte Bewegung des ganzen Körpers und der Arme (port des bras) auf.

Passacaglia

Thema

beim 1. Mal auf „a“ singen, bei der Wiederholung summen

Variation 1

auf „na“ singen

Variation 2 Sopran, Alt und Tenor wie Variation 1

auf „dum“

Variation 3

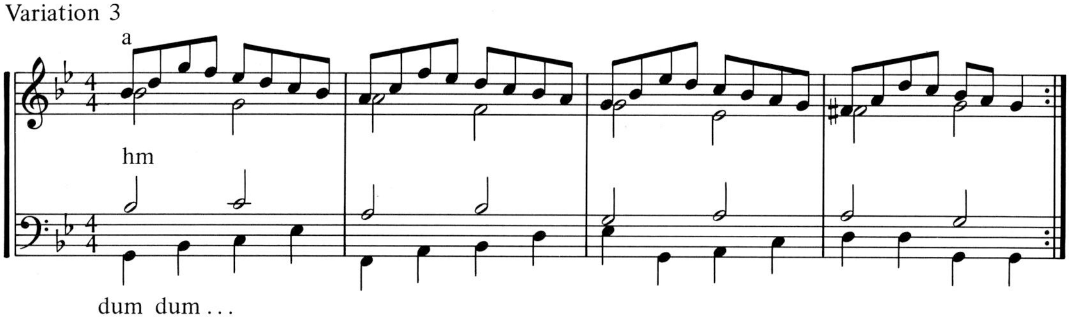

Variation 4

Variation 5

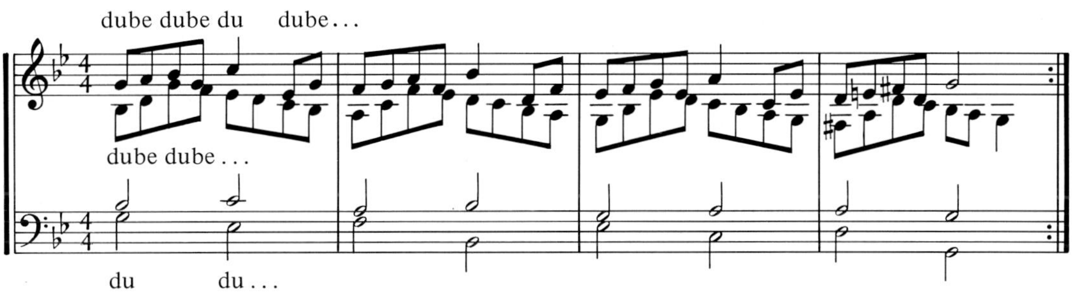

Variation 6 Sopran-Solo, alle anderen „Thema“ gesummt

Variation 7

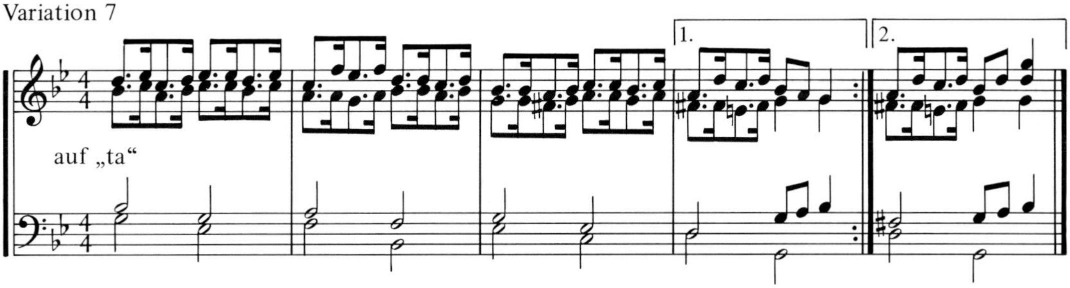

Aus der Cembalo-Suite B-Dur von G. F. Händel (1685-1759). Zum Singen eingerichtet von Klaus Wolf, © Klett Verlag, Stuttgart.

Bourrée

Aus der Lautensuite I von Johann Sebastian Bach. Für zwei Singstimmen eingerichtet von Hans-Peter Banholzer. Originaltonart: e-Moll.

Liebe

177

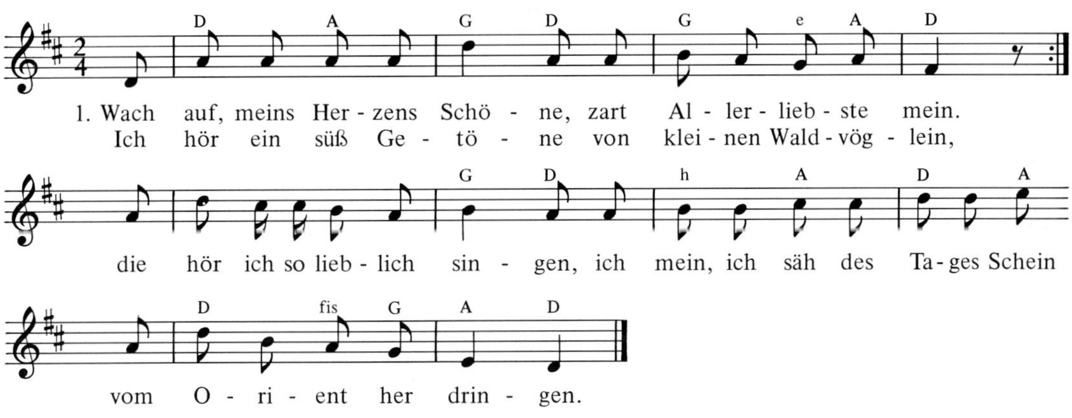

2. Ich hör die Hahnen krähen und spür den Tag dabei,
die kühlen Winde wehen, die Sterne leuchten frei;
sing uns, Frau Nachtigalle, sing uns ein süße Melodei,
sie neut den Tag mit Schalle.

3. Der Himmel tut sich färben aus weißer Farb in Blau,
die Wolken tun sich färben aus schwarzer Farb in Grau;
die Morgenröt tut herschleichen, wach auf, mein Lieb und mach mich frei,
die Nacht will uns entweichen.

Text: 16. Jahrhundert, Melodie: Johann Friedrich Reichhardt (1752-1814).

All mein Gedanken 178

2. Du auserwählter einz'ger Trost, gedenk daran!
Leib und Gut, das sollst du gar zu eigen han.
Dein, dein, dein will ich immer bleiben:
Du gibst Freud und hohen Mut
und kannst mir Leid vertreiben.

3. Dein allein und Niemands mehr, das wiss' fürwahr,
tätst du desgleichen Treu an mir, so wär ich froh.
Du, du, du sollst von mir nit setzen:
Du gibst Freud und hohen Mut
und kannst mich Leids ergetzen.

4. Die werte Rein, die ward sehr wein'n, do das geschah:
Du bist mein und ich bin dein, sie traurig sprach.
Wann, wann, wann ich soll von dir weichen:
Ich nie erkannt, noch nimmer mehr
erkenn ich deines Gleichen!

Text und Melodie: Lochamer-Liederbuch 1460.

Fein sein, beinander bleibn 179

2. Gscheit sein, nit einitappn,
es steckt oft der Fuchs in der Zipflkappn.

3. Treu sein, nit außigrasn,
denn die Liab is so zart wiar a Soafnblasn.

Text und Melodie: aus dem Alpenraum.

Jetzt gang i ans Brünnele 180

2. Do laß i meine Äugele um und um gehn,
do sieh-n-i mein herztausige Schatz bei'me-n-andre stehn.

3. Und bei'me-n-andre stehe sehn, ach, das tut weh!
Jetzt b'hüt di Gott, herztausiger Schatz, di b'sieh-n-i nimme meh.

4. Jetzt kauf i mir Tinte und Fed'r und Papier,
und schreib mei'm herztausige Schatz einen Abschiedsbrief.

5. Jetzt leg i mi nieder aufs Heu und aufs Stroh,
do falle drei Rösele mir in den Schoß.

6. Und diese drei Röselein sind blutigrot:
Jetzt weiß i net, lebt mein Schatz, oder ist er tot.

Text und Melodie: aus Schwaben.

Das Lieben bringt groß Freud 181

2. Ein Brieflein schrieb sie mir,
ich sollt treu bleiben ihr.
Drauf schickt ich ihr ein Sträußelein,
schön Rosmarin, brauns Nägelein,
sie soll, sie soll,
sie soll mein eigen sein.

3. Mein eigen soll sie sein,
keinem andern mehr als mein.
Und so leben wir in Freud und Leid,
bis uns Gott, der Herr, auseinanderscheidt.
Dann ade, dann ade,
dann ade mein Schatz, leb wohl.

Text und Melodie: aus Schwaben, Satz: Klaus Wolf,

Heidenröslein

182

2. Knabe sprach: „Ich breche dich,
Röslein auf der Heiden!"
Röslein sprach: „Ich steche dich,
daß du ewig denkst an mich,
und ich will's nicht leiden."
Röslein …

3. Und der wilde Knabe brach
's Röslein auf der Heiden;
Röslein wehrte sich und stach,
half ihm doch kein Weh und Ach,
mußt es eben leiden.
Röslein …

Text: Johann Wolfgang von Goethe (1749-1832), Melodie: H. Werner 1827, Satz: Klaus Wolf,

Der Tambour

Wenn meine Mutter hexen könnt,
da müßt sie mit dem Regiment
nach Frankreich, überall mit hin,
und wär die Marketenderin.
Im Lager, wohl um Mitternacht,
wenn niemand auf ist als die Wacht
und alles schnarchet, Roß und Mann,
vor meiner Trommel säß ich dann:
Die Trommel müßt eine Schüssel sein,
ein warmes Sauerkraut darein,
die Schlegel Messer und Gabel,
eine lange Wurst mein Sabel;
mein Tschako wär ein Humpen gut,
den füll ich mit Burgunderblut.
Und weil es mir an Lichte fehlt,
da scheint der Mond in mein Gezelt;
scheint er auch auf Franzö'sch herein,
mir fällt doch meine Liebste ein:
Ach weh! jetzt hat der Spaß ein End!
– Wenn nur meine Mutter hexen könnt!

Eduard Mörike (1804-1875).

Heidenröslein

2. Knabe sprach: „Ich breche dich,
Röslein auf der Heiden!“
Röslein sprach: „Ich steche dich,
daß du ewig denkst an mich,
und ich will's nicht leiden.“
Röslein …

3. Und der wilde Knabe brach
's Röslein auf der Heiden;
Röslein wehrte sich und stach,
half ihm doch kein Weh und Ach,
mußt es eben leiden.
Röslein …

Text: Johann Wolfgang von Goethe (1749-1832), Musik: Franz Schubert (1797-1828).

183 Wenn alle Brünnlein fließen

2. Ja, winken mit den Äugelein und treten auf den Fuß,
’s ist eine in der Stube drin, die meine werden muß.

3. Warum sollt sie’s nicht werden, ich hab sie ja so gern.
Sie hat zwei blaue Äugelein, die leuchten wie zwei Stern.

4. Sie hat zwei rote Wängelein, sind röter als der Wein,
ein solches Mädel findst du nicht wohl unterm Sonnenschein.

Text und Melodie: aus Schwaben, Satz: Fritz Jöde (1887-1970); aus „Der Musikant“, © Möseler Verlag, Wolfenbüttel.

Horch, was kommt von draußen rein 184

2. Leute haben's oft gesagt, hollahi, hollaho,
was ich für'n Feinsliebchen hab, hollahiaho!
Laß sie reden, schweig fein still, hollahi, hollaho,
kann ja lieben, wen ich will, hollahiaho!

3. Wenn mein Liebchen Hochzeit hat, hollahi, hollaho,
ist für mich ein Trauertag, hollahiaho!
Geh ich in mein Kämmerlein, hollahi, hollaho,
trage meinen Schmerz allein, hollahiaho!

4. Wenn ich dann gestorben bin, hollahi, hollaho,
trägt man mich zum Grabe hin, hollahiaho!
Setzt mir keinen Leichenstein, hollahi, hollaho,
pflanzt mir drauf Vergißnichtmein, hollahiaho!

Text und Melodie: aus Baden, Satz: Paul Kickstat (1893-1962), aus „Der Musikant", ©Möseler Verlag, Wolfenbüttel.

Wahre Freundschaft soll nicht wanken

185

2. Keine Ader soll mir schlagen,
wo ich nicht an dich gedacht;
ich will für dich Sorge tragen
bis zur späten Mitternacht.

3. Wenn der Mühlstein träget Reben
und daraus fließt kühler Wein,
wenn der Tod mir nimmt das Leben,
hör ich auf getreu zu sein.

Text und Melodie: aus Franken, Satz: Karl Aichele (1890-1980); aus „Musik um uns“, © Metzler Verlag, Stuttgart.

Es waren zwei Königskinder

186

2. „Ach, Liebster, kannst du nicht schwimmen,
so schwimme doch her zu mir,
drei Kerzen will ich dir anzünden,
und die sollen leuchten dir.“

3. Das hört eine falsche Nonne,
die tat, als wenn sie schlief,
sie tät die Kerze auslöschen,
der Jüngling ertrank so tief.

4. Ein Fischer wohl fischte lange,
bis er den Toten fand:
„Sieh da, du liebliche Jungfrau,
hast hier deinen Königssohn.“

5. Sie nahm ihn in die Arme
und küßt ihm den bleichen Mund,
es mußt ihr das Herze brechen,
sank in den Tod zur Stund.

Text und Melodie: aus dem 18. Jahrhundert.

Und in dem Schneegebirge

187

2. Ich hab daraus getrunken
gar manchen frischen Trunk;
ich bin nicht alt geworden,
ich bin noch allzeit jung.

3. „Ade, mein Schatz, ich scheide,
ade, mein Schätzelein!" –
„Wann kommst du aber wieder,
Herzallerliebster mein?"

4. „Wenn's schneiet rote Rosen
und regnet kühlen Wein.
Ade, mein Schatz, ich scheide,
ade, mein Schätzelein."

5. „Es schneit ja keine Rosen
und regnet keinen Wein:
So kommst du auch nicht wieder,
Herzallerliebster mein!"

Text und Melodie: aus Schlesien, Satz: Klaus Wolf,

Dat du min Leevsten büst

188

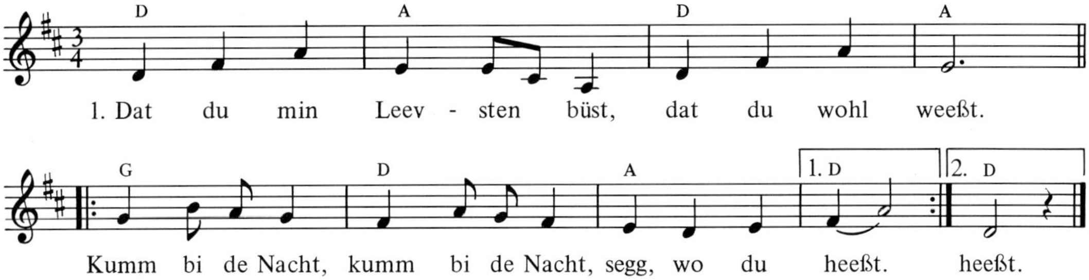

2. Kumm du um Mitternacht,
kumm du Klock een.
Vader slöppt, Moder slöppt,
ich slap alleen.

3. Klopp an de Kammerdör,
fat an dc Klink.
Vader meent, Moder meent,
dat deit de Wind.

Text und Melodie: aus Norddeutschland.

Am Brunnen vor dem Tore 189

2. Ich mußt auch heute wandern vorbei in tiefer Nacht,
da hab ich noch im Dunkeln die Augen zugemacht.
Und seine Zweige rauschten, als riefen sie mir zu:
Komm her zu mir Geselle, hier findst du deine Ruh!

3. Die kalten Winde bliesen mir grad ins Angesicht,
der Hut flog mir vom Kopfe, ich wendete mich nicht.
Nun bin ich manche Stunde entfernt von jenem Ort,
und immer hör ich's rauschen: Du fändest Ruhe dort!

Text: Wilhelm Müller (1786-1860), Melodie: Franz Schubert (1797-1828) in der Fassung von Friedrich Silcher (1789-1860), Satz: Hans-Peter Banholzer, © Klett Verlag, Stuttgart.

Kume, kum, geselle min 190

2. Süßer rosenvarwer munt, kum und mache mich gesunt.
Kum, kum, kum und mache mich gesunt, süßer, süßer rosenvarwer munt.

Text: Carmina burana (Handschrift des Klosters Benediktbeuren aus dem 13. Jahrhundert), Melodie: Adam de la Halle (1220-1287), Satz: Richard Rudolf Klein (geb. 1921); aus „Dir zu eigen", © Fidula Verlag, Boppard.

Chume, chum geselle min

Text: Carmina burana (Handschrift des Klosters Benediktbeuren aus dem 13. Jahrhundert), Musik: Carl Orff (1895-1983); aus „Carmina burana“, © Schott Verlag, Mainz.

Innsbruck, ich muß dich lassen

2. Groß Leid muß ich jetzt tragen,
das ich allein tu klagen
dem liebsten Buhlen mein.
Ach Lieb, nun laß mich Armen
im Herzen dein erbarmen,
daß ich muß dannen sein.

3. Mein Trost ob allen Weiben,
dein tu ich ewig bleiben,
stet, treu, der Ehren fromm.
Nun muß dich Gott bewahren,
in aller Tugend sparen,
bis daß ich wiederkomm!

Text und Melodie: 16. Jahrhundert, Satz: Heinrich Isaac (um 1450-1517).

Das Veilchen

192

Text: Johann Wolfgang von Goethe (1749-1832), Musik: Johann Friedrich Reichardt (1752-1814).

Das Veilchen

Allegretto (ursprünglich in G)

Das Vorspiel entspricht dem Klavierpart der Takte 1–7, außer Takt 6: Übernahme der Singstimme in den Klavierpart.

Text: Johann Wolfgang von Goethe (1749-1832), Musik: Wolfgang Amadeus Mozart (1756-1791).

König von Thule

193

2. Es ging ihm nichts darüber,
er leert ihn jeden Schmaus;
die Augen gingen ihm über,
so oft er trank daraus.

3. Und als er kam zu sterben,
zählt er sein Städt im Reich,
gönnt alles seinen Erben,
den Becher nicht zugleich.

4. Er saß beim Königsmahle,
die Ritter um ihn her,
im hohen Vätersaale
dort auf dem Schloß am Meer.

5. Dort stand der alte Zecher,
trank letzte Lebensglut,
und warf den heil'gen Becher
hinunter in die Flut.

6. Er sah ihn stürzen, trinken,
und sinken tief ins Meer.
die Augen täten ihm sinken,
trank nie einen Tropfen mehr.

Text: Johann Wolfgang von Goethe (1749-1832), Musik: Karl Friedrich Zelter (1758-1832).

Ich hab die Nacht geträumet 194

2. Ein Kirchhof war der Garten,
ein Blumenbeet das Grab,
und von den grünen Bäumen
fiel Kron' und Blüte ab.

3. Die Blüten tat ich sammeln
in einen gold'nen Krug;
der fiel mir aus den Händen,
daß er in Stücke schlug.

4. Draus sah ich Perlen rinnen
und Tröpflein rosenrot;
was mag der Traum bedeuten,
ach Liebster, bist du tot?

Text: A. Zarnack 1820, Melodie: 18. Jahrhundert, Satz: Johannes Brahms (1833-1897); aus „Volkslieder für Frauenstimmen".

Schwesterlein

195

Text und Melodie: Wilhelm von Zuccalmaglio (1803-1869), Musik: Johannes Brahms (1833-1897).

Kußlied

2. Nicht zu nahe, nicht zu weit,
dies macht Kummer, jenes Leid,
nicht zu langsam, nicht zu schnelle,
nicht ohn Unterschied der Stelle.
Nicht zu harte, nicht zu weich,
bald zugleich, bald nicht zugleich;
nicht zu trocken, nicht zu feuchte,
wie Adonis Venus reichte.

3. Halb gebissen, halb gehaucht,
halb die Lippen eingetaucht,
nicht ohn Unterschied der Zeiten,
mehr allein, denn bei den Leuten.
Küsse nun ein jedermann,
wie er weiß, will, soll und kann.
Ich nur und die Liebste wissen,
wie wir uns recht sollen küssen.

Text: Paul Fleming (1609-1640), Musik: Andreas Hammerschmidt (1612-1675).

Greensleeves 197

2. If you intend thus to disdain,
it does the more enrapture me,
and even so, I still remain
a lover in captivity.

3. Alas, my love, that you should own
a heart of wanton vanity,
so must I meditate alone
upon your insincerity.

4. Ah, Greensleeves, now farewell, adieu,
to God I pray to prosper thee,
for I am still thy lover true,
come once again and love me!

to cast	= wegstoßen
discourteously	= grob
disdain	= verachten
enrapture	= entzücken
captivity	= Gefangenschaft
wanton vanity	= boshafte Eitelkeit
to prosper	= zum Erfolg verhelfen

Text und Melodie: aus England (16. Jahrhundert).

Greensleeves (Instrumentalsatz)

Aus William Ballet's Lute Book (1580); aus „Leichte Stücke aus Shakespeares Zeit", © Universal Edition, Wien.

My Bonnie is over the ocean 198

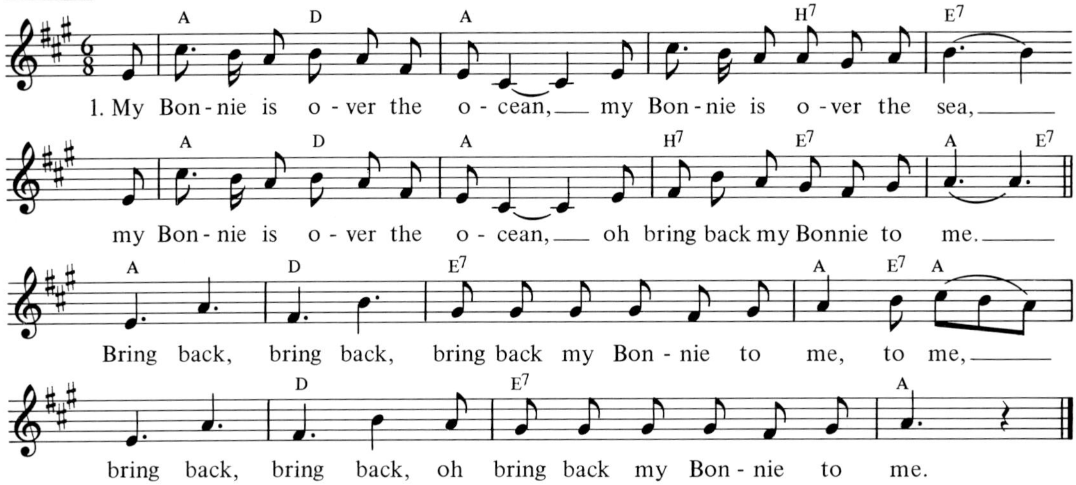

2. Last night as I lay on my pillow,
last night as I lay on my bed,
last night as I lay on my pillow,
I dreamed that my Bonnie was dead.
Bring back ...

3. Oh, blow, ye winds, over the ocean
and blow, ye winds, over the sea;
oh, blow, ye winds, over the ocean
and bring back my Bonnie to me.
Bring back ...

4. The winds have blown over the ocean,
the winds have blown over the sea;
the winds have blown over the ocean,
and brought back my Bonnie to me.
Brought back ...

Text und Melodie: aus Schottland.

Matilda, Matilda 199

2. Well the money was just inside me bed,
stuck up in the pillow beneath me head.

3. Well, me friends never to love again,
all me money gone in vain.

Text und Melodie: Norman Span, © Duchess Corporation, New York, © H. Schneider, Wien, © Edition Primus R. Budde, Berlin.

Londonderry Air (Would God) 200

Text und Melodie: aus Irland.

The Sally Gardens

201

Text und Melodie: aus Irland; aus Benjamin Britten (1913-1976) „Folksong-Arrangements", © Boosey and Hawkes, London.

Yesterday

202

d7 G7 c B As c f B Es
Why she had to go I don't know, she would-n't say.
d7 G7 c B As c f B Es
I said some-thing wrong now I long for yes-ter - day. Yes-ter-day,
d7 G7 c As B
love was such an ea - sy game to play. Now I need a place to
Es B c F As Es Es F As Es
hide a-way. Oh I be-lieve in yes-ter-day. Mm

Scarborough Fair

203

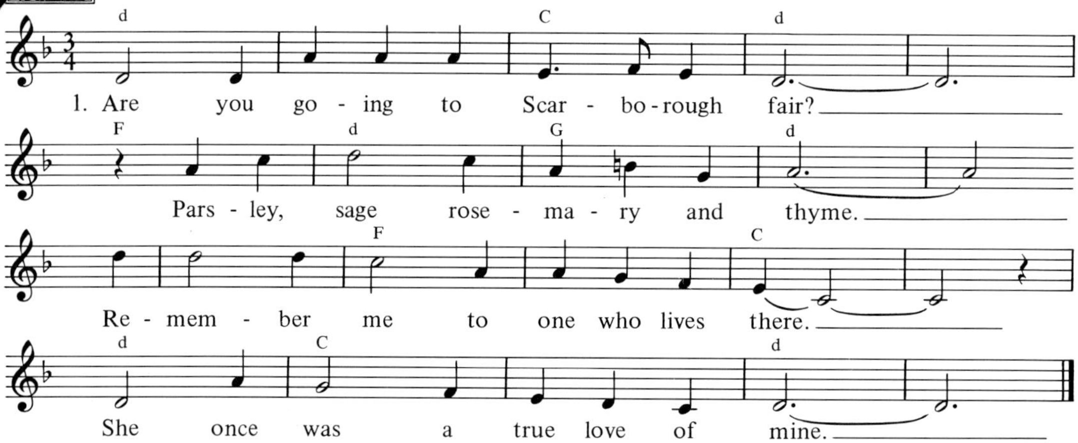

2. Tell her to make me a cambric shirt,
parsley, sage, rosemary and thyme;
without any seam or fine needlework,
and then she'll be a true love of mine.

3. Tell her to wash it yonder dry well,
parsley, sage, rosemary and thyme;
where water ne'er sprung, nor drop of rain fell
and then she'll be a true love of mine.

4. Tell her to dry it on yonder thorn,
parsley, sage, rosemary and thyme;
which never bore blossom since Adam was born,
and then she'll be a true love of mine.

5. And when you have done and finished your work,
parsley, sage, rosemary and thyme;
then come to me for your cambric shirt,
and you shall be a true love of mine.

Text und Melodie: volkstümlich aus England.

Hearts ease

Melodie aus John Playford „The English dancing master" (1650), Satz Hans-Peter Banholzer,

Clementine 204

2. Light she was and like a fairy
and her shoes were number nine;
herring-boxes, without topses,
sandals were for Clementine.

3. Drove she ducklings to the water
ev'ry morning, just at nine;
hit her foot against a splinter,
fell into the foaming brine.

4. Saw her lips above the water
blowing bubbles soft and fine;
but alas! I was no swimmer,
so I lost my Clementine.

5. In a corner of the churchyard,
where the myrtle boughs entwine,
grow the roses in their posies
fertilized by Clementine.

6. Then the miner, forty-niner,
soon began to peak and pine,
thought he oughter jine his daughter
now he's with his Clementine.

7. In my dreams she still doth haunt me
robed in garments soaked in brine,
though in life I used to hug her,
now she's dead I'll draw the line.

8. How I missed her, how I missed her,
how I missed my Clementine!
But I kissed her little sister,
and forgot my Clementine.

cavern	= Grube
to excavate	= abbauen
fairy	= Fee
ducklings	= Entchen
splinter	= Holzstück
foaming brine	= schäumende Brandung
bubbles	= Luftblasen
to entwine	= sich ranken
posies	= Büschel
to pine	= dahinsiechen
to jine	= sich treffen
to haunt	= heimsuchen
soaked in brine	= vollgesogen mit Salzwasser
to hug	= umarmen
draw the line	= Schluß machen

Text und Melodie: aus den USA, Satz: Albrecht Scheytt (geb. 1933),

Frankie and Johnny

205

2. Frankie went down to the corner
to get her a stein of beer.
She asked the big old fat bartender:
"Has my lovin' Johnny been here?"
It was my man,
but he's doing me wrong.

3. Said: "I ain't gonna tell you no story,
I ain't gonna tell you no lie,
he was here 'bout an hour ago
with that girl called Nelly Bly.
He was your man,
but he's doin' you wrong."

4. Frankie went down to the hotel,
she didn't go there for fun,
under her long red kimono
she carried a forty-four gun
looking for that man,
that had done her wrong.

5. Johnny put off his Stetson hat,
hollered: "Now baby, don't you shoot!"
Frankie pressed her finger on the trigger
and that gun went roory-toot.
She killed her man,
'cause he done her wrong.

6. This is the end of my story,
this is the end of my song.
Frankie's down in the county jail,
poor thing there all alone.
She killed her man,
'cause he done her wrong.

they was lovers (they were lovers)	= sie liebten sich
they sworn	= sie schworen
'twas her man (it was her man)	= er war ihr Geliebter
he's doing her wrong	= er tut ihr Unrecht, er betrügt sie
stein of beer	= Krug Bier
bartender	= Wirt, Barmann
I ain't gonna tell you no story	= ich will dir nichts vormachen
'bout (about)	= ungefähr
Nelly Bly	= Eigenname
forty-four gun	= Revolver Kaliber 44
Stetson hat	= Cowboyhut
hollered	= schrie
trigger	= Abzug
roory toot	= lautmalerisch: Geräusch der Kugel
county jail	= Bezirksgefängnis

Text und Melodie: aus den USA

Ja, mein Schatz

2. Sie ist edlem Weine gleich, leuchtend rot im Glase,
zwar sind ihre Wänglein bleich, dafür glüht die Nase.

3. Ach, ihr Auge himmelblau läßt mich Wonne fühlen,
sieht sie mich auch nicht genau, dafür kann sie schielen.

4. Ihrem elfengleichen Gang huldigt fast ein jeder;
ist ihr Fuß auch etwas lang: knapp ein halber Meter.

Text und Melodie: aus Finnland, deutscher Text: Rose Köpfer; aus „Der Zündschlüssel“, © Fidula Verlag, Boppard.

Abschied

Unangeklopft ein Herr tritt abends bei mir ein:
„Ich habe die Ehr, Ihr Rezensent zu sein.“
Sofort nimmt er das Licht in die Hand,
besieht lang meinen Schatten an der Wand,
rückt nah und fern: „Nun, lieber junger Mann,
sehn Sie doch gefälligst mal ihre Nas’ so von der Seite an!
Sie geben zu, daß das ein Auswuchs is.“
– Das? Alle Wetter – gewiß!
Ei Hasen! ich dachte nicht,
all mein Lebtage nicht,
daß ich so eine Weltsnase führt im Gesicht!!

Der Mann sprach noch verschiednes hin und her,
ich weiß, auf meine Ehre, nicht mehr;
meinte vielleicht, ich sollt ihm beichten.
Zuletzt stand er auf; ich tat ihm leuchten.
Wie wir nun an der Treppe sind,
da geb ich ihm, ganz froh gesinnt,
einen kleinen Tritt
nur so von hinten aufs Gesäße mit –
alle Hagel! ward das ein Gerumpel,
ein Gepurzel, ein Gerumpel!
Dergleichen hab ich nie gesehn,
all mein Lebtage nicht gesehn,
einen Menschen so rasch die Trepp’ hinabgehn!

Eduard Mörike (1804-1875).

Weit, weit von hier

2. Hinter dem Salzmeer im goldenen Schlosse
tränkt er dem König die stampfenden Rosse.

3. Schön wie der Morgen auf waldigen Auen
strahlt er hervor aus den Rittern und Frauen.

4. Liebliche Jungfrau, was lacht ihr dem Schönen?
Nie wird sein Herz sich an eures gewöhnen.

5. Ach, ich vergehe vor Kummer und Schmerzen,
möchte mit tausend Armen ihn herzen.
Doch er gedenkt nicht der heimlichen Nächte und kehret nicht zurück.

Text und Melodie: aus Finnland, deutscher Text: Gisela Knebusch-Tiedke,
Satz: Richard Rudolf Klein (geb. 1921),

Kaljinka

208

2. Liebe Föhre, grüne Föhre, laß doch das Rauschen über mir.

3. Schönes Mädchen, liebes Mädchen, hab mich doch ein bißchen gern.

Text und Melodie: aus Rußland, deutscher Text: Wolf Künzel, © Voggenreiter Verlag, Bad Godesberg, Satz: Klaus Wolf, © Klett Verlag, Stuttgart.

Petruschka

209

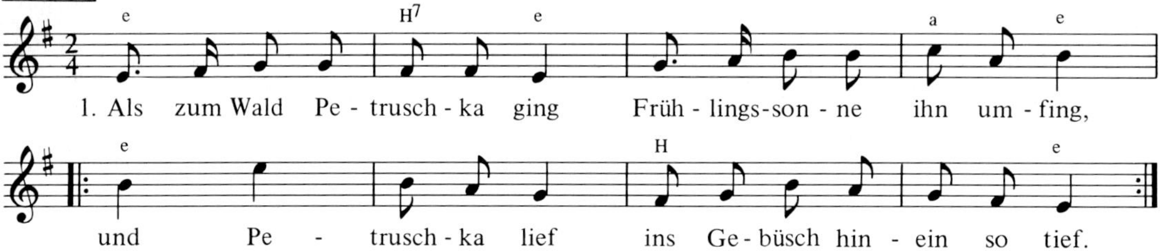

2. Plötzlich stand Kathinka da. Er küßt sie, und sie sagt: „Ja!“
Und Petruschka war ganz verliebt mit Haut und Haar.

3. Und sie sprach beim Finkenschlag: „Morgen ist mein Namenstag.
Komm, Petruschka mein! Morgen gibt es Schnaps und Wein!“

4. Bei Kathinkas Fest man bot Wodka, Wein und Zuckerbrot.
Doch Petruschka kam nicht zum Fest als Bräutigam.

5. Die Kathinka ärgert sich, daß er sie so ließ im Stich.
O Petruschka, das war durchaus kein guter Spaß.

6. Vetter Mischa kommt herbei, tröstet sie und trinkt für zwei.
O Petruschka, schau: Nun wird Katja Mischas Frau!

Text und Melodie: aus Rußland, deutscher Text: Fritz Schröder; aus „Europäische Volkslieder“, © Otto Maier Verlag, Ravensburg.

J'ai descendu dans mon jardin

210

2. Pour y cueillir du romarin.
J'n'en avais pas cueilli trois brins.

3. Qu'un rossignol vint sur ma main,
il me dit trois mots en latin.

4. Que les hommes ne valent rien,
et les garçons encore bien moins.

5. Des dames il ne me dit rien,
mais des d'moisell's beaucoup de bien.

*2. Wollt pflücken mir vom Rosmarein,
brach mir drei kleine Zweigelein.*

*3. Flog eine Nachtigall herein,
sagt mir drei Worte auf Latein.*

*4. Daß alle Männer böse sein,
viel schlimmer noch die Bürschelein.*

*5. Von Damen nichts, kein Wörtelein,
doch Mädchen, sagt sie, die sind fein!*

Text und Melodie: aus Frankreich, deutscher Text: Leopold Katt, © Möseler Verlag, Wolfenbüttel und Zürich.

Dans les jardins d'mon père

2. La caill', la tourterelle,
et la joli' perdrix,
et ma blanche colombe
qui chante jour et nuit. Auprès …

3. Ell' chante pour les filles
qui n'ont pas de mari.
Pour moi ne chante guère
car j'en ai un joli. Auprès …

4. Il est dans la Hollande,
les Hollandais l'ont pris.
Que donn 'riez-vous, la belle,
pour le fair' revenir? Auprès …

5. Les tours de Notre-Dame
et le clocher d'mon pays
et ma joli' colombe
pour r'avoir mon mari! Auprès …

2. Der Star, die Turteltaube
und auch der Finkelhahn,
die Nachtigall, die Meise,
ihr Lied sie stimmen an. Ja, bei …

3. Sie singen für die Mädchen,
die noch kein Mann gefreit.
Doch meines, mir versprochen,
ist Braut, und ich bin weit. Ja, bei …

4. In Holland bin ich g'fangen,
in Holland schmachte ich,
was würde sie wohl geben,
ließ heim zu ihr man mich? Ja, bei …

5. Die Türme unsrer Kirche
gäb' gerne sie dafür
und auch ihr schönstes Täubchen,
käm ich zurück zu ihr. Ja, bei …

Text und Melodie: aus Frankreich, deutscher Text: Fritz Schröder; aus „Europäische Volkslieder", © Otto Maier Verlag, Ravensburg.

Trois jeunes tambours 212

2. Le plus jeune a dans sa bouche une rose.
3. La fille du roi était à sa fenêtre.
4. Joli tambour, donnez-moi votre rose.
5. Fille du roi, donnez-moi votre cœur.
6. Joli tambour, d'mandez-le z'a mon père.
7. Sire le roi, donnez-moi votre fille.
8. Joli tambour, tu n'es pas assez riche.
9. Sire le roi, je suis fils d'Angleterre.
10. J'ai trois vaisseaux dessus la mer jolie.
11. L'un chargé d'or, l'autre d'argenterie.
12. Et le troisièm' pour promener ma mie.
13. Joli tambour, tu auras donc ma fille.
14. Sire le roi, je vous en remercie.
15. Dans mon pays, y en a de plus jolies.

2. Le plus jeune a – in seinem Mund 'ne Rose.
3. La fille du roi – die stand an ihrem Fenster.
4. Joli tambour – o gib mir deine Rose!
5. Je te la donne – doch dann bist du die meine!
6. Joli tambour – so frag doch meinen Vater!
7. Sire le roi – o gebt mir Eure Tochter!
8. Joli tambour – du bist ein armer Schlucker!
9. Sire le roi – ich habe Geld und Güter!
10. Joli tambour – sag mir, wer ist dein Vater!
11. Sire le roi – der König ist's von England.
12. Joli tambour – ich geb dir meine Tochter.
13. Sire le roi – das ist zuviel der Ehre!
14. Dans mon pays – da sind die Mädchen schöner.

Text und Melodie: aus Frankreich, deutscher Text: Kurt Suttner; aus „Lied und Song", © Max Hieber Verlag, München.

Oj, ne chody Hrycju

Melodie: aus der Ukraine, Satz: Hans-Peter Banholzer, © Klett Verlag, Stuttgart.

Tic e toc

2. Tic e tic e toc, mein schöner Moretto,
tic e tic e toc, wie bist du lieb mir.
Nie kann ich den trüben Tag vergessen,
da du mich verlassen hast.

3. Tic e tic e toc, mein schöner Moretto,
tic e tic e toc, hör, was ich sage:
Enden werden einzig meine Schmerzen,
wenn ich dich umarmen kann.

2. Tic e tic e toc, mio bel moretto,
tic e tic e toc, quanto sei caro,
ti sovvien del giorno amaro,
che da me t'allontanò.

3. Tic e tic e toc, mio bel moretto,
tic e tic e toc, ascolta bene,
cesseranno le mie pene,
quando al sen ti stringerò.

Text und Melodie: aus Italien, deutscher Text und Satz: Bernhard Binkowski (geb. 1912); aus „Musik um uns“,

Tiritomba

214

2. Passeggiando in que' dintorni
un fischietto sento farmi,
vo pian piano ad accostarmi,
e una donna veggio là.
Tiritomba ...

3. Era bella, piú che bella,
Parea l'astro dell'amore.
Era chiodo che nel core
Penetrare addentro sa.
Tiritomba ...

4. Io la guardo, ed essa ride,
io le parlo e mi risponde.
Ero un uom che già nell'onde
dell'amore in fondo va.
Tiritomba ...

5. Quando veggio in un momento
il suo babbo, un omaccione.
Che minaccia col bastone
di conciarmi come va.
Tiritomba ...

6. Me la svigno, e si mi tolgo
alle fere orrende botte.
Ma la bella giorno e notte
sempre in core mi stará.
Tiritomba ...

co, ca	= ko, ka
ci, ce	= tschi, tsche
gi	= dschi
chi, dhe	= ki, ke
fischietto	= fiskietto
veggio	= wedscho
svigno	= swinjo

Text und Melodie: aus Italien.

Mañana

215

1. Morgen am Vormittag warte ich auf dich, Juana, drüben im Cafe,
ich schwöre dir, Juana, ich möchte gern einmal sehn deine große Zeh.

2. Die Fußspitze, das Knie, die Wade und das Wadenbein,
ich schwöre dir, Juana ...

Mañana	= Manjana
Juana	= Chuana
rodilla	= rodilja
juro	= churo
que	= ke
veste	= weste

Text und Melodie: aus Spanien, deutscher Text: Wolfgang Wiegand; aus „Lieder, Songs und Gospels", © Schneider Verlag, München.

Cielito Lindo

216

Doppelvokale einzeln, aber verbunden sprechen: Si-erra, Ci-elito ...

s	= stimmlos
r/rr	= gerolltes Zungen-r
c,z vor i,e	= wie stimmloses englisches th
j	= Gaumen-ch
c vor a,o,u	= k
ch	= tsch
h	= stets stumm

Text und Melodie: aus Spanien, deutscher Text: Hilde Pietsch; aus „Lieder ohne Grenzen", © Autorin, Coburg.

Balaio

217

1. Wär ich nur bald ein balaio, balaio möcht ich gern sein,
nur damit ich kann verweilen immer an der Seite dein.

2. Wenn du sagst, du liebst mich nicht mehr, kann dies nicht die Wahrheit sein:
Wer nicht liebt, wird niemals spüren, wie die Sehnsucht auslöst Pein.

* Hat das Mädchen keinen balaio, Sinhá, reicht der Saum bis auf die Erde.

balaio = runder Korb, der von Frauen bei der Ernte (Kaffee/Baumwolle) seitlich an die Hüften gebunden wird
meu ben = mein Beste(r), Schatz, Liebling
sinhá = Abkürzung für Senhora: Anrede für eine Dame (Slang)
do coração = des Herzens

Text und Melodie: aus Brasilien.

Festkreis

218

Komponist unbekannt.

O Heiland, reiß die Himmel auf 219

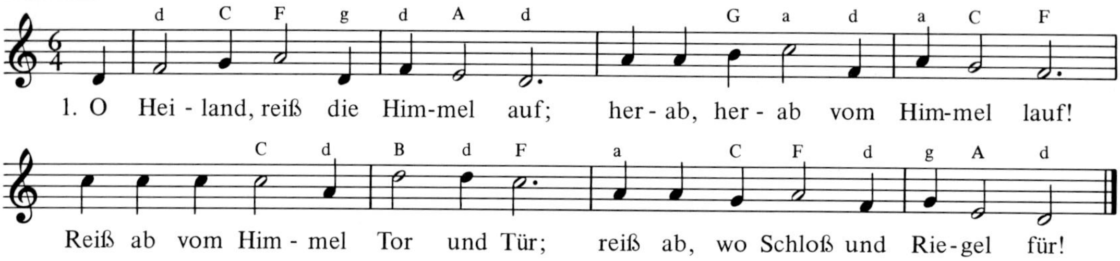

2. O Gott, ein Tau vom Himmel gieß, im Tau herab, o Heiland, fließ!
Ihr Wolken brecht und regnet aus den König über Jakobs Haus!

3. O Erd schlag aus, schlag aus, o Erd, daß Berg und Tal grün alles werd!
O Erd herfür dies Blümlein bring, o Heiland, aus der Erden spring!

4. O klare Sonn, du schöner Stern, dich wollten wir anschauen gern.
O Sonn, geh auf! Ohn deinen Schein in Finsternis wir alle sein.

Text: Friedrich Spee (1591-1635), Melodie: 1666.

Es kommt ein Schiff 220

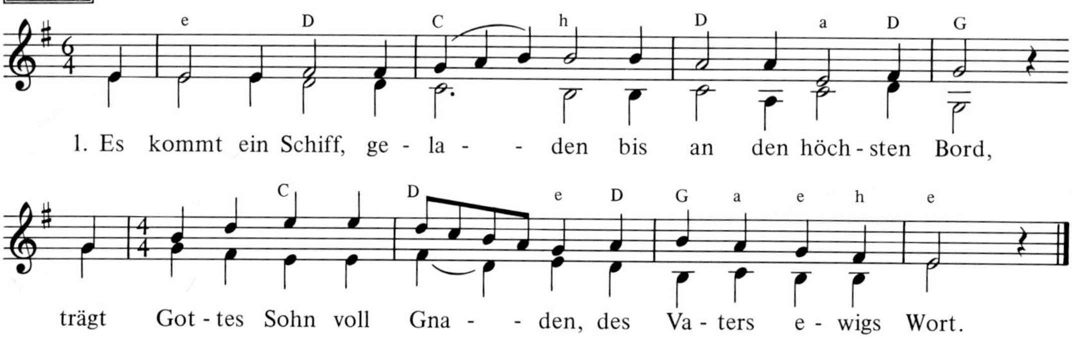

2. Das Schiff geht still im Triebe, es trägt ein teure Last;
das Segel ist die Liebe, der Heilig Geist der Mast.

3. Der Anker haft' auf Erden, da ist das Schiff am Land.
Das Wort tut Fleisch uns werden, der Sohn ist uns gesandt.

4. Zu Bethlehem geboren im Stall ein Kindelein,
gibt sich für uns verloren; gelobet muß es sein.

Text nach Johannes Tauler (1300-1361), Melodie: 1608.

Nun sei uns willkommen

221

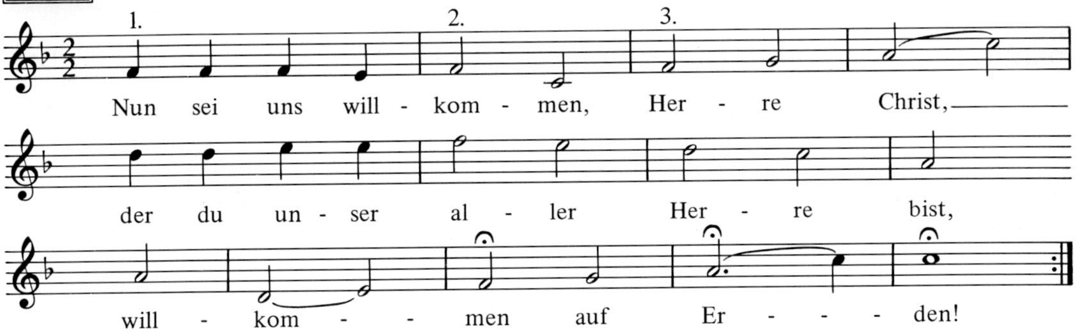

Text und Melodie: Walter Rein (1893-1955); aus „Der Ring bind't alle Ding", © Bärenreiter Verlag, Kassel.

Maria durch ein Dornwald ging

222

Text und Melodie: 16. Jahrhundert, Satz: Klaus Wolf, © Klett Verlag, Stuttgart.

Herbergssuche

223

2. Wer vor der Tür? Ein Weib mit ihrem Mann.
Was wollt denn ihr? Hört unsre Bitten an!
Lasset heut bei euch uns wohnen! Gott wird euch schon alles lohnen.
Was zahlt ihr mir? Kein Geld besitzen wir.
Dann geht von hier! O, öffnet uns die Tür!
Ei macht mir kein Ungestüm! Da packt euch, geht wo anders hin!

3. Was weinet ihr? Vor Kält erstarren wir.
Wer kann dafür? O gebt uns doch Quartier!
Überall sind wir verstoßen, jedes Tor ist uns verschlossen!
So bleibt halt drauß. O öffnet uns das Haus!
Da wird nichts draus! Zeigt uns ein andres Haus.
Dort geht hin zur nächsten Tür! Ich hab nicht Platz, geht nur von hier!

4. Da geht nur fort! O Freund, wohin, wo aus?
Zum Stalle dort! Geh, Joseph, nur voraus!
O mein Kind, nach Gottes Willen mußt du schon die Armut fühlen.
Jetzt packt euch fort! O dies sind harte Wort!
Zum Stalle dort! O gar ein schlechter Ort!
Ei der Ort ist gut für euch; ihr braucht nicht viel, da geht nur gleich!

Text, Melodie und Mehrstimmigkeit: volkstümlich aus Tirol.

Als ich bei meinen Schafen wacht 224

Hirtenlied unbekannter Herkunft, um 1600 in Gesangbüchern zu finden, Satz: aus der Weihnachtsgeschichte von Carl Orff (1895-1982) und Gunild Keetman (geb. 1904), © Schott Verlag, Mainz.

Kommet, ihr Hirten

225

2. Lasset uns sehen in Bethlehems Stall,
was uns verheißen der himmlische Schall.
Was wir dort finden, lasset uns künden,
lasset uns preisen in frommen Weisen! Halleluja!

3. Wahrlich, die Engel verkündigen heut
Bethlehems Hirtenvolk gar große Freud:
Nun soll es werden Frieden auf Erden,
den Menschen allen ein Wohlgefallen. Ehre sei Gott!

Text und Melodie: aus Böhmen, deutscher Text: Karl Riedel (1827-1888), Satz: Karl Aichele (1890-1980), aus „Unser Liederbuch 2“,

Es wird scho glei dumpa

226

2. Vergiß iatzt, o Kinderl, dein Kummer, dei Load,
daß du do muaßt leidn im Stall auf der Hoad.
Es ziern ja die Engerl dei Liegerstatt aus,
möcht schöner net sein drin im König sein Haus.

3. Ja Kinderl, du bist halt im Kripperl so schö,
mi ziemt, i kann nimma da weg von dir geh.
I wünsch dir von Herzen de süaßeste Ruah,
de Engerl vom Himmel, si deckn di zua.

Text und Melodie: volkstümlich aus Bayern und Österreich.

O laufet, ihr Hirten

227

2. Ein Kindlein ist gesehen wie ein Engel so schön.
Dabei auch sein lieber Vater tut stehn,
ein Jungfrau, schön zart, nach englischer Art.
Es hat mich erbarmet ganz inniglich hart.

3. Mein Nachbar, lauf hurtig, bring's Wieglein daher!
Will's Kindlein drein legen, es frieret so sehr.
Ei, eia popei, lieb's Kindel schlaf ein!
Im Kripplein, zart's Jesulein, ei, eia popei!

Text und Melodie: aus der Grafschaft Glatz (1841), Satz: Hilda Kocher-Klein; aus „Unser Liederbuch 2", © Metzler Verlag, Stuttgart.

Still, still

228

2. Schlaf, schlaf, schlaf, du liebes Kindlein schlaf!
Die Englein tun schön musizieren,
bei dem Kindlein jubilieren. Schlaf …

3. Groß, groß, groß, die Lieb ist übergroß.
Gott hat den Himmelsthron verlassen
und muß reisen auf der Straßen. Groß …

Text und Melodie: volkstümlich aus Salzburg (1865), Satz: Fritz Jöde (1887-1970); aus „Der Musikant", © Möseler Verlag, Wolfenbüttel.

Hört der Engel helle Lieder 229

2. Hirten sagt, was ist geschehen, was tun uns die Engel kund?
Alles Leid könnt jetzt vergehen auf dem weiten Erdenrund;

3. denn ein Kindlein ist geboren, kommen ist der Heiland dein.
Er errettet, was verloren, Friede soll auf Erden sein.

2. Bergers, grande est la nouvelle, le Christ est né, le Dieu Sauveur!
Venez, le ciel vous appelle a rendre hommage au Rédempteur!

3. Vers l'enfant qui vient de naître accourons tous avec bonheur!
Le ciel nous l'a fait connaître; amour au Christ, au Dieu Sauveur!

Text und Melodie: volkstümlich aus Frankreich, deutsche Textfassung: 1. Strophe: Otto Abel, 2. und 3. Strophe: Gustav Wirsching,

Freu dich, Erd und Sternenzelt

230

2. Seht, der schönsten Rosen Flor, Halleluja,
sprießt aus Jesses Zweig empor, Halleluja!

3. Er, das menschgewordne Wort, Halleluja,
Jesus Christus, unser Hort, Halleluja!

Text und Melodie: volkstümlich aus Mähren (19. Jahrhundert), Satz: Bernhard Binkowski (geb. 1912; aus „Unser Liederbuch 2“,

Der Heiland ist geboren

231

2. Das Kindlein auserkoren,
freu dich, o Christenheit!
So in dem Stall geboren,
hat Himmel und Erd erfreut. Freut euch …

3. Die Engel lieblich singen,
freu dich, o Christenheit!
Uns gute Botschaft bringen,
verkünd'gen große Freud. Freut euch …

Text und Melodie: volkstümlich aus Oberösterreich, Satz: Walter Hensel (1887-1956),

Lieb Nachtigall, wach auf

2. Flieg her zum Krippelein,
flieg her, gefiedert Schwesterlein,
laß tönen hold dein Schnäbelein,
sing, Nachtigall, gar fein!
Dem Kindelein fröhlich singe,
lieblich klinge, Flüglein schwinge,
sing, sing, sing dem teuren Christkindlein!

3. Sing, Nachtigall, ohn End,
zu vielen hunderttausendmal,
das Kindlein lobe ohne Zahl,
ihm deine Liebe send!
Dem Heiland mein Ehr' beweise,
lob und preise, laut und leise,
sing, sing, sing dem Christuskindelein!

Text und Melodie: volkstümlich aus Franken, Satz: Richard R. Klein (geb. 1921); aus „Unser Liederbuch 2", © Metzler Verlag, Stuttgart.

Hirtenmusik

Volkstümlich aus Kärnten.

In dulci jubilo

233

Text- und Melodie: Anfang 14. Jahrhundert, Satz: Klaus Wolf, © Klett Verlag, Stuttgart.

Ubi sunt gaudia

234

Melodie: Philipp Hayes (1738-1797), Text: Fritz Jöde (1887-1970); aus: Fritz Jöde, „Der Kanon", © Möseler Verlag, Wolfenbüttel und Zürich.

Den die Hirten lobeten sehre

235

2. Strophe I Zu dem die Könige geritten II Gold, Weihrauch, Myrrhen, brachten mitte,
III Sie fielen nieder auf die Knie: IV Gelobet seist du Herr allhie!

Alle: Sein Sohn die göttlich Majestät euch geben hat, ein' Mensch lassen werden.
Ein Jungfrau ihn geboren hat in Davids Stadt, da ihr ihn finden werdet,
liegend in ei'm Krippelein, so nackend, bloß und elend,
daß er all euer Elend von euch wende. Gottes Sohn ...

3. Strophe I Freut euch heute mit Maria II in des Himmels Hierarchia,
III da die Engel singen alle IV in dem Himmel hoch mit Schalle.

Alle: Darnach da sangen die Engelein: Gebt Gott allein im Himmel Preis und Ehre!
Groß Friede wird auf Erden sein, des solln sich freun die Menschen alle sehre
und ein Wohlgefallen han: der Heiland ist gekommen,
hat euch zu gut das Fleisch an sich genommen. Gottes Sohn ...

4. Strophe I Lobt ihr Menschen alle gleiche II Gottes Sohn vom Himmelreiche,
III dem gebt jetzt und immer mehre IV Lob und Preis und Dank und Ehre!

Alle: Die Hirten sprachen: Nun wohlan, so laßt uns gahn und diese Ding erfahren,
die uns der Herr hat kundgetan. Das Vieh laßt stahn, er wird's indes bewahren.
Da fanden sie das Kindelein in Tücher eingehüllet,
das alle Welt mit seiner Macht erfüllet. Gottes Sohn ...

Dieses Lied geht auf zwei lateinische Gesänge (1450) zurück. Zu der deutschen Fassung entwickelte sich ein Brauch: Im Weihnachtsgottesdienst der Gemeinde wurde die Botschaft aus den vier Himmelsrichtungen in der Kirche singend verkündet. Nach dem Anfang des lateinischen Textes „Quem pastores laudavere" heißt der Brauch „Quempas Singen".

Text und Melodie: aus dem 15. Jahrhundert, Satz: Michael Prätorius (1571-1621, komponiert 1607).

Vom Himmel hoch, da komm ich her

236

2. Euch ist ein Kindlein heut geborn von einer Jungfrau auserkorn,
ein Kindelein so zart und fein, das soll euer Freud und Wonne sein.

3. Es ist der Herr Christ, unser Gott, der will euch führn aus aller Not;
er will euer Heiland selber sein, von allen Sünden machen rein.

4. Des laßt uns alle fröhlich sein und mit den Hirten gehn hinein,
zu sehn, was Gott uns hat beschert, mit seinem lieben Sohn verehrt.

5. Lob, Ehr sei Gott im höchsten Thron, der uns schenkt seinen eingen Sohn;
des freuen sich der Engel Schar' und singen uns solch neues Jahr.

Text: Martin Luther (Weihnachten 1535), Melodie: um dieselbe Zeit in Gesangbüchern zu finden, Satz Hans Leo Haßler 1608.

Ehre sei Gott in der Höhe

237

Text: Lukas-Evangelium, Melodie: Ludwig Ernst Gebhardi (1787-1862).

Es ist ein Ros entsprungen 238

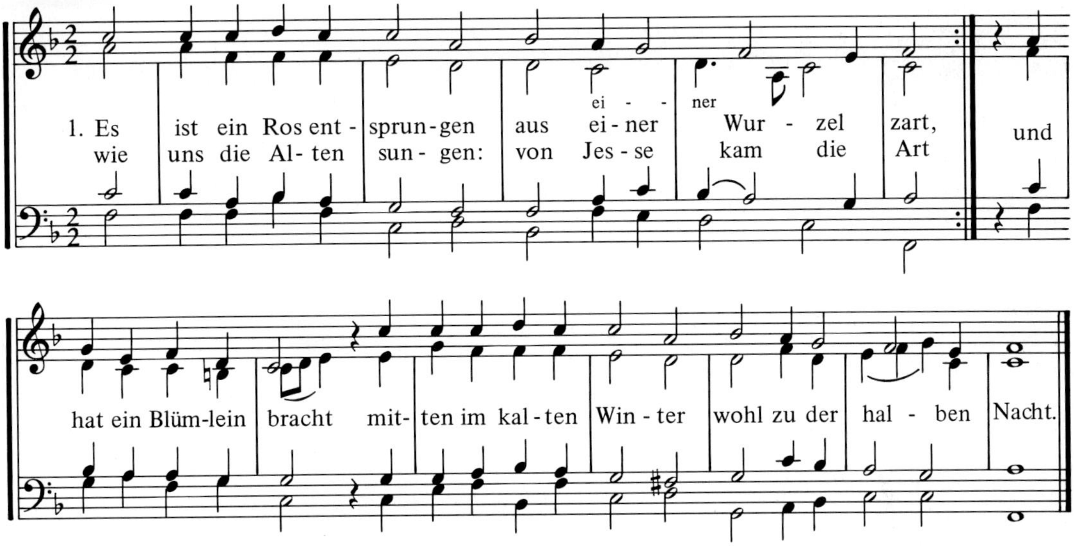

2. Das Röslein, das ich meine, davon Jesaias sagt,
hat uns gebracht alleine Marie, die reine Magd.
Aus Gottes ewgem Rat hat sie ein Kind geboren, welches uns selig macht.

3. Das Blümelein so kleine, das duftet uns so süß;
mit seinem hellen Scheine vertreibt's die Finsternis:
Wahr' Mensch und wahrer Gott, hilft uns aus allem Leide, rettet von Sünd und Tod.

Text und Melodie: Kölner Gesangbuch um 1600, Satz: Michael Prätorius (1571-1621).

Sarabande

Georg Friedrich Händel (1685-1759); aus „Rinaldo".

Gelobet seist du, Jesu Christ 239

2. Den aller Welt Kreis nie beschloß,
der liegt in Marien Schoß;
er ist ein Kindlein worden klein,
der alle Ding erhält allein. Kyrieleis.

3. Das ewig Licht geht da herein,
gibt der Welt ein' neuen Schein;
es leucht' wohl mitten in der Nacht
und uns des Lichtes Kinder macht'. Kyrieleis.

4. Er ist auf Erden kommen arm,
daß er unser sich erbarm
und in dem Himmel mache reich
und seinen lieben Engeln gleich. Kyrieleis.

5. Das hat er alles uns getan,
sein groß Lieb zu zeigen an;
des freu sich alle Christenheit
und dank ihm des in Ewigkeit. Kyrieleis.

Text: 1. Strophe: 1370, 2. bis 5. Strophe: Martin Luther (1483-1546), Satz: Michael Prätorius (1571-1621).

Ich steh an deiner Krippen hier

240

Text: Paul Gerhard (1607-1676), Melodie und Satz: Johann Sebastian Bach (1685-1750); aus „Schemellis Musikalischem Gesangbuch" (1736).

Zumba zumba, welch ein Singen 241

1.–3. Zum - ba zum - ba, welch ein Sin - gen! Zum - ba zum - ba, Weih-nachts-zeit!

Zum - ba zum - ba, welch ein Klin - gen! Wel - che Freu - de weit und breit!

1. Heut ist der Heiland ge - bo-ren, ge - bo-ren, Trö-ster und Ret-ter der Welt, der Welt.
Er hat zum Heil uns er - ko-ren, er - ko-ren, e - wig er Treu-e uns hält. ___

2. Jeder will ihm etwas bringen, ich aber hab nicht viel Geld;
ich kann dem Kindlein nur singen, hoffen, daß es ihm gefällt.

3. Daß sich das Kindlein erfreute, spielten die Hirten ihm vor.
Singt nun mit mir, liebe Leute, singt mit den Hirten im Chor.

Text und Melodie: volkstümlich aus Spanien, deutscher Text: Lieselotte Holzmeister; aus „Die Zugabe Bd. 2“,

Il est né, le divin Enfant 242

1.+2. Il est né, le di - vin En - fant, jou - ez, haut bois, ré - son - nez, mu - set - tes!
1.+2. Got - tes Kind ist uns heut ge - born, sin - get und klin - get, ihr Flö - ten, Pfei - fen!

Il est né, le di - vin En - fant, chan - tons tous son a - vè - ne - ment.
Got - tes Kind ist uns heut ge - born, freu - et euch und sagt es laut.

1. De-puis plus de qua-tre mille ans, nous le pro-met-taient les pro-phè-tes,
de-puis plus de qua-tre mille ans, nous at-ten-dions cet heu-reux temps.

1. *Seit vier-tau - send Jah-ren schon ist sein Kom-men uns ver-spro-chen,*
seit vier-tau - send Jah-ren schon war-ten wir auf die-sen Sohn.

2. Une étable est son logement,
un peu de paille est sa couchette,
une étable est son logement,
pour un Dieu quel abaissement.

3. O Jésus, ô Roi tout-puissant,
tout petit enfant que vous êtes,
ô Jésus, ô Roi tout-puissant,
régnez sur nous entièrement.

2. Wohnt im Dunkel des armen Stalls,
liegt auf Stroh in der Futterkrippe,
wohnt im Dunkel des armen Stalls,
kleiner Mensch – Herr des großen Alls.

3. Herr, du wurdest ein Kind für mich,
du Allmächtiger und Gebieter,
Herr, du wurdest ein Kind für mich,
will dir dienen und lieben dich.

Text und Melodie: volkstümlich aus Frankreich, deutscher Text: Brigitte Lentze; aus „Die Welt im Lied“,

Am 25. Dezember (Katalanischer Weihnachtstanz) 243

2. Am fünfundzwanzigsten Dezember, fum, fum, fum!
ist der Tag der Christgeburt, der größte Tag, der größte Tag.
Wenn wir heimgehn von der Metten, lassen wir es uns gut schmecken, fum, fum, fum!

Text und Melodie: Katalanischer Weihnachtstanz, deutscher Text: Hermann Marx,
Satz: Carl Orff (1895-1982); aus „Orff Schulwerk" Bd. 5, © Schott Verlag, Mainz.

Es ist für uns eine Zeit angekommen 244

2. In einer Krippe der Heiland muß liegen
auf Heu und Stroh in der kalten Nacht.
Zwischen Ochs und Eselein
liegest du, liegst du armes Jesulein.

3. Es kommen Könige, ihn anzubeten,
ein Stern führt sie nach Bethlehem.
Kron und Zepter legen sie ab,
bringen ihm, bringen ihre Opfergab.

Text, Melodie und Mehrstimmigkeit: volkstümlich aus der Schweiz.

De Virgin Mary had a baby boy 245

2. De Angels sang when de baby born
and proclaim him de Saviour Jesus.
He come from de …

3. De wise men went where de baby born
and they say that His name was Jesus.
He come from de …

Text und Melodie: volkstümlich aus Westindien, Satz: Klaus Wolf,

As I sat on a sunny bank

2. I saw three ships come sailing by
   on Christmas Day in the morning.

3. And who d'you think were on the ship
   but Joseph and his fair lady!

4. O he did whistle, and she did sing,
   and all the bells on earth did ring
   for joy our Saviour Christ was born
   on Christmas Day in the morning.

Text und Melodie: volkstümlich aus England.

I saw three ships

2. I axed 'em what they'd got aboard ... board, board, board ...
3. They said they'd got three crowns ... crowns, crowns, crowns ...
4. I axed 'em where they was taken to ... to, to, to ...
5. They said they was ganging to Coln upon Rhine ... Coln, Coln, Coln ...
6. I axed 'em where they came frae ... frae, frae, frae ...
7. They said they came frae Bethlehem ... hem, hem, hem ...

Text und Melodie: volkstümlich aus England, Satz: Willi Gohl (geb. 1925); aus „Der Singkreis", © Musikverlag zum Pelikan, Zürich.

Soli Deo Gloria

248

Text und Melodie: Paul Kickstat (1893-1962); aus „Soli Deo Gloria", © Verlag Erich Hartkopf, Solingen.

Weil Gott in tiefster Nacht erschienen

249

2. Weil Gott in tiefster Nacht erschienen,
kann unsre Nacht nicht traurig sein.
Bist du der eignen Rätsel müd?
Es kommt, der alles kennt und sieht.

3. Weil Gott in tiefster Nacht erschienen,
kann unsre Nacht nicht traurig sein.
Er sieht dein Leben unverhüllt,
zeigt dir zugleich dein neues Bild.

4. Weil Gott in tiefster Nacht erschienen,
kann unsre Nacht nicht traurig sein.
Nimm an des Christus Freundlichkeit,
trag seinen Frieden in die Zeit.

5. Weil Gott in tiefster Nacht erschienen,
kann unsre Nacht nicht traurig sein.
Schreckt dich der Menschen Widerstand,
bleib ihnen dennoch zugewandt.
Weil Gott in tiefster Nacht erschienen,
kann unsre Nacht nicht endlos sein.

Text und Melodie: Dieter Trautwein (1963 komp.); aus „Gott schenkt Freiheit", © Burckhardthaus Verlag, Gelnhausen.

Alles, was Odem hat 250

Text: Psalm 150, Melodie und Ostinato: Hans Rudolf Simoneit (geb. 1927), © Burckhardthaus Verlag, Gelnhausen.

Zwischen Jericho und Jerusalem 251

2. Da kam ein Priester geschritten auf dem Weg der Barmherzigkeit
und dann einer von den Leviten auf dem Weg der Barmherzigkeit.
Sie konnten nicht länger verweilen, der Mann tat ihnen zwar leid,
doch sie mußten zum Tempeldienst eilen, und der Tempel, der Tempel war weit.
Hat keiner Zeit auf dem Weg der Barmherzigkeit?

3. Doch die Hilfe war gar nicht ferne auf dem Weg der Barmherzigkeit;
denn einer kam, der half gerne auf dem Weg der Barmherzigkeit.
Ob die andern ihn auch verlachten, weil ein Samariter er war,
ihn kümmerte nicht, was sie dachten, er machte Barmherzigkeit wahr.
Er war schon weit auf dem Weg der Barmherzigkeit.

4. Zwischen Lebensanfang und -ende liegt der Weg der Barmherzigkeit.
Und man braucht bereite Hände auf dem Weg der Barmherzigkeit.
Sag, willst du vorübergehen? Sag, läßt du den andern allein?
Sag, willst du die Not nicht sehen? Wem kannst du der Nächste sein?
Komm, sei bereit, geh den Weg der Barmherzigkeit.

Text und Melodie: Martin G. Schneider (geb. 1930), © Bosse Verlag, Regensburg.

Du, Herr, gabst uns 252

2. Deinen Atem gabst du uns jetzt schon als Unterpfand, denn als Kinder deines Vaters sind wir anerkannt.
3. Nähr die Kirche, alle Glieder, stets mit deiner Kraft, stärk uns täglich, immer wieder in der Jüngerschaft.
4. Immer wieder will ich singen: Gib uns deinen Geist, der die Herzen, auch die trägen, mit der Freude speist.

Text: Lutz Hoffmann, Franz Mausberg, Karl Norres, Leo Schuhen, Melodie: Spiritual, aus „Liedmesse für die Osterzeit“,

Alta Trinità 253

Hohe, heilige Dreifaltigkeit, von uns immer angebetet,
glorreiche Dreifaltigkeit, wunderbare Einheit,
du bist das köstliche und ersehnte Himmelsbrot.

Text und Melodie: italienische Laude aus dem 15. Jahrhundert, Komponist unbekannt.

Victimae paschali laudes (Ostersequenz) 254

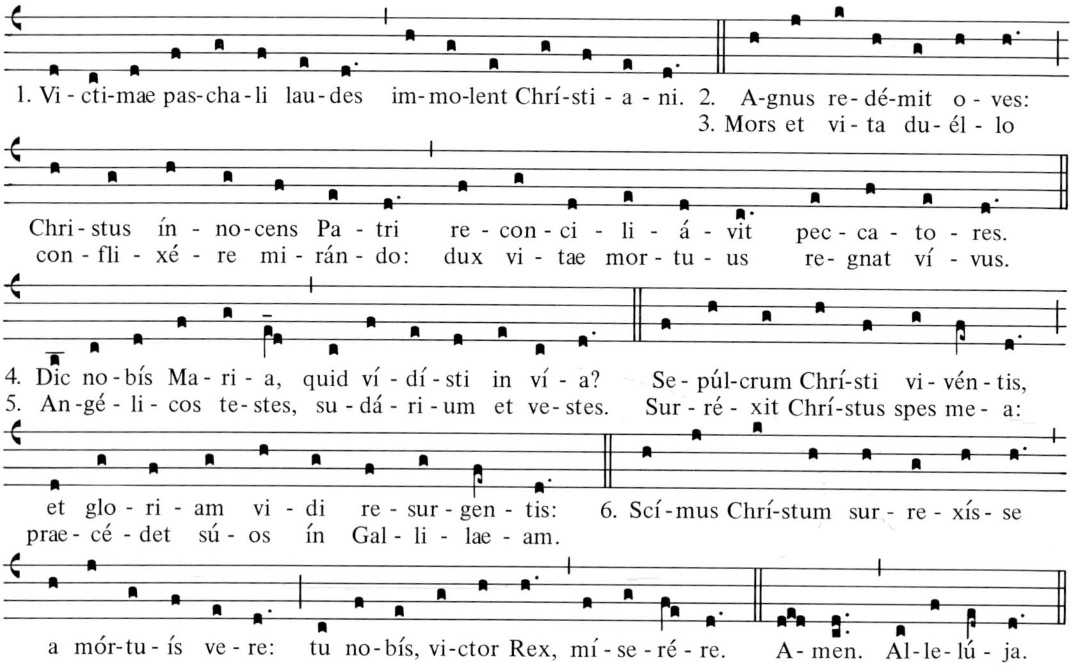

Dem Osterlamme sollen die Christen Lieder weihen. Das Lamm erlöste die Schafe: Christus, sündenlos, hat mit dem Vater die Sünder versöhnt. Tod und Leben lagen im Streit, der Fürst des Lebens, der gestorben war, herrscht voll Lebens. Sag uns Maria, was sahst du am Wege? Das Grab Christi, des Lebenden, und die Herrlichkeit des Erstandenen sah ich. Engel als Zeugen und Tuch und Gewand. Erstanden ist Christus, meine Hoffnung, geht euch voraus nach Galiläa. Wir wissen, daß Christus wahrhaft auferstanden ist von den Toten: Du siegreicher König, sei uns gnädig. Amen. Alleluja.

Text und Melodie: Wipo von Burgund (11. Jahrhundert), aus der lateinischen Liturgie zum Osterfest.

Christ ist erstanden 255

Text und Melodie: aus den Anfängen des geistlichen Volksgesanges im 12. Jahrhundert entstanden, später erweitert um das Alleluja und aufgezeichnet (1533).

Veni, creator Spiritus (Hymnus zum Pfingstfest) 256

Text und Melodie: Hrabanus Maurus (um 776-865), aus der lateinischen Liturgie zum Pfingstfest.

Komm, Gott Schöpfer, Heiliger Geist 257

2. Denn du bist der Tröster genannt, des Allerhöchsten Gabe teur,
   ein geistlich Salb, an uns gewandt, ein lebend Brunn, Lieb und Feur.
3. Zünd uns ein Licht an im Verstand, gib uns ins Herz der Liebe Brunst;
   das schwach Fleisch in uns, dir bekannt, erhalt fest dein Kraft und Gunst.
4. (7.) Gott Vater sei Lob und dem Sohn, der von den Toten auferstund,
   dem Tröster sei dasselb getan in Ewigkeit alle Stund.

Text und Melodie: Martin Luther (1483-1546) nach dem lateinischen Hymnus zum Pfingstfest.

Nun bitten wir den Heiligen Geist 258

2. Du wertes Licht, gib uns deinen Schein, lehr uns Jesum Christum kennen allein,
   daß wir an ihm bleiben, dem treuen Heiland, der uns bracht hat zum rechten Vaterland. Kyrieleis.
3. Du süße Lieb, schenk uns deine Gunst, laß uns empfinden der Liebe Brunst,
   daß wir uns von Herzen einander lieben und im Frieden auf einem Sinn bleiben. Kyrieleis.

Text (1. Strophe) und Melodie: eines der ältesten deutschsprachigen Kirchenlieder aus dem 13. Jahrhundert, 2. und 3. Str.: Martin Luther.

Laudate Dominum (Psalm 116) 259

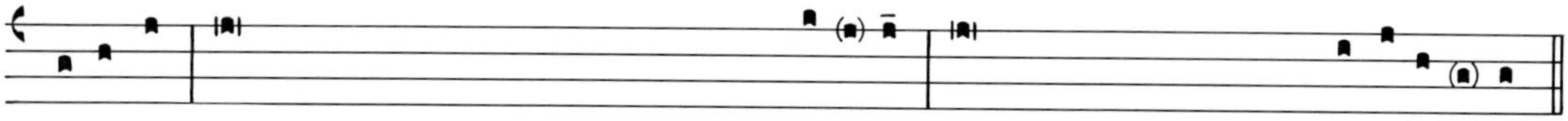

1. Lau-dá-te	Dóminum omnes	gen - tes:	laudáte éum	omnes populi.
2. Quoniam	confirmata est super nos misericordia	é - jus	et verítas Domíni manet	in æ-ter-num.
3. Glo-ri-a	Patri et	Fí-li-o	et Spiri - - - -	tú - i San-cto.
4. Si-cut e -	rat in principio et nunc et	sém - per	et in saecula saecu -	lórum. A-men.

1. Ihr Völker alle, lobt den Herren, lobt ihn, Nationen alle.
2. Denn machtvoll waltet sein Erbarmen über uns, und Gottes Treue währet ewig.
3. Ehre sei dem Vater und dem Sohne und dem Heiligen Geiste.
4. Wie es war im Anfang, so auch jetzt und allezeit und in Ewigkeit. Amen.

Text: Psalm 116, Melodie im 8. Psalmton notiert.

Ich will den Herrn loben allezeit 260

Text und Melodie: Georg Philip Telemann (1681-1767).

Cantate Domino 261

Ostinato (instrumental oder Männerstimmen) ad lib. als 4. Gruppe bei ↓ einsetzen!

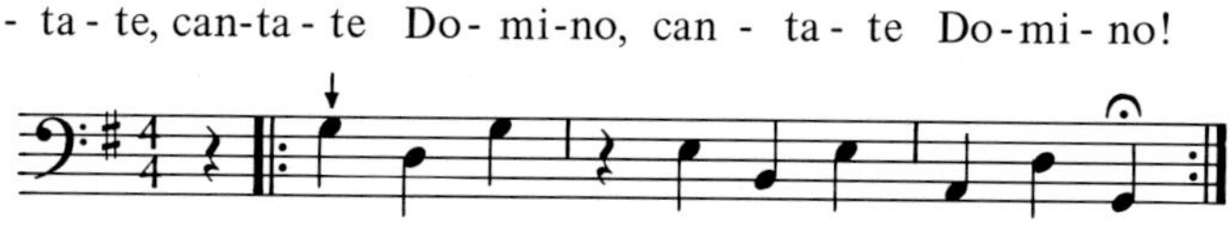

Melodie: Paul Ernst Ruppel (geb. 1913) nach Dietrich Buxtehude (1637-1707); aus „Jubilo", © Möseler Verlag, Wolfenbüttel.

Verleih uns Frieden gnädiglich 262

Text Martin Luther (1483-1546) nach der alten lateinischen Antiphon „Da pacem domini in diebus nostris, qui non es alius qui pugnet pro nobis, nisi tu Deus noster", Melodie: Martin Luther nach dem ambrosianischen Lobgesang „Veni redemptor gentium", Nürnberg 1531.

Gib uns Frieden jeden Tag 263

2. Gib uns Freiheit jeden Tag! Laß uns nicht allein.
Laß für Frieden uns und Freiheit immer tätig sein.
Denn durch dich, unsern Gott, denn durch dich, unsern Gott,
sind wir frei in jedem Land. Laß uns nicht allein.

3. Gib uns Freude jeden Tag! Laß uns nicht allein.
Für die kleinsten Freundlichkeiten laß uns dankbar sein.
Denn nur du, unser Gott, denn nur du, unser Gott,
hast uns alle in der Hand! Laß uns nicht allein.

Text: Rüdeger Lüders (geb. 1936), Melodie: Kurt Rommel (geb. 1926); aus „Neue Kinderlieder",

Aller Augen warten auf dich, Herre

264

Text: Psalm 145, 15 und 16, Melodie und Satz: Heinrich Schütz (1585-1672).

Spirituals und Blues

265

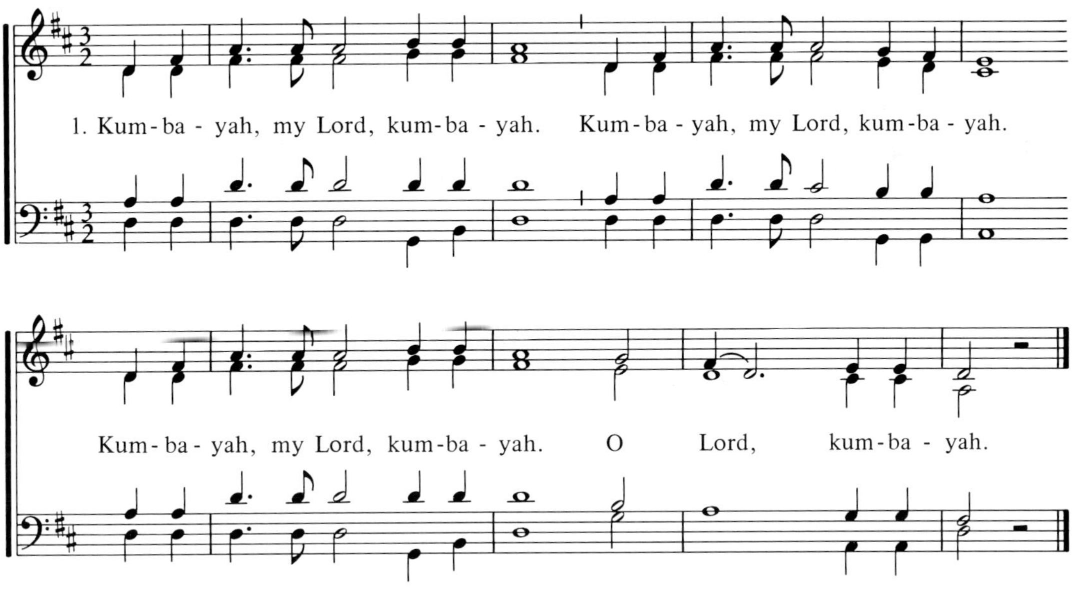

2. Someone's crying, lord, kumbayah.
3. Someone's singing, lord, kumbayah.
4. Someone's praying, lord, kumbayah.

Kumbayah = Come by here

Text und Melodie: aus den USA, Spiritual nach einem afrikanischen Abendgebet, Satz: Klaus Wolf,

Go tell it on the mountain 266

2. When I was a seeker, I sought both night and day.
I asked my Lord to help me, and He taught me to pray.

3. When I was a sinner, I prayed both night and day.
I asked the Lord to help me, and He showed me the way.

Text und Melodie: aus den USA, Spiritual, Satz: Klaus Wolf,

Freedom

267

2. Fight for freedom ...
3. Gain the victory ...
4. In the jail house ...

Andere Textfassung

1. Singing over Jesus ...
2. See the little baby
   wrapped in a manger
   on Christmas morning.
3. See him at the Temple,
   talking with the elders,
   who marvelled his wisdom.
4. See him at the Jordan,
   where's John's baptising
   and saving all the sailors.
5. See him at the seaside,
   talking to the fishermen
   and making them disciples.
6. See him in Jerusalem
   over palm branches
   in pop and splendour.
7. See him in the garden,
   praying to his father
   in deepest sorrow.
8. Take him before Pilate,
   then they crucified him,
   but he rose on Easter.
9. Yes, he is my Saviour.
   Jesus died to save us,
   arose on Easter.
10. Halleluja,
    halleluja
    and lives forever. Amen.

Text und Melodie: aus den USA, Gospel, Satz: mündlich überliefert.

We shall overcome

268

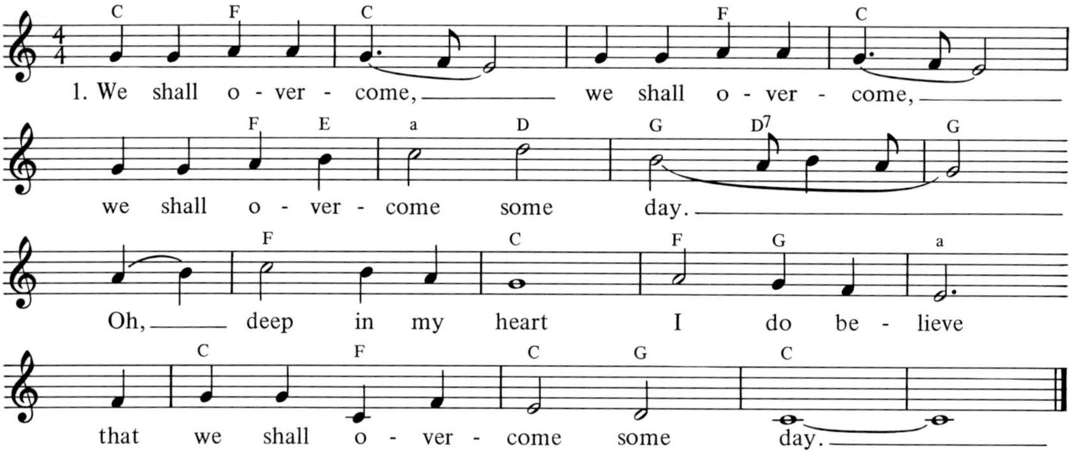

2. We'll walk hand in hand … some day.
3. We are not afraid … today.
4. Black and white together … some day.
5. We shall live in peace … some day.

Joan Baez sang dieses Lied zum erstenmal 1963 auf einer Demonstration der amerikanischen Bürgerrechtsbewegung. Auf dieser Veranstaltung sprachen u.a. Martin Luther King und Präsident J.F. Kennedy.

Text und Melodie: Zilphia Horton / Frank Hamilton / Guy Carawan / Pete Seeger,

He's got the whole world in his hands

269

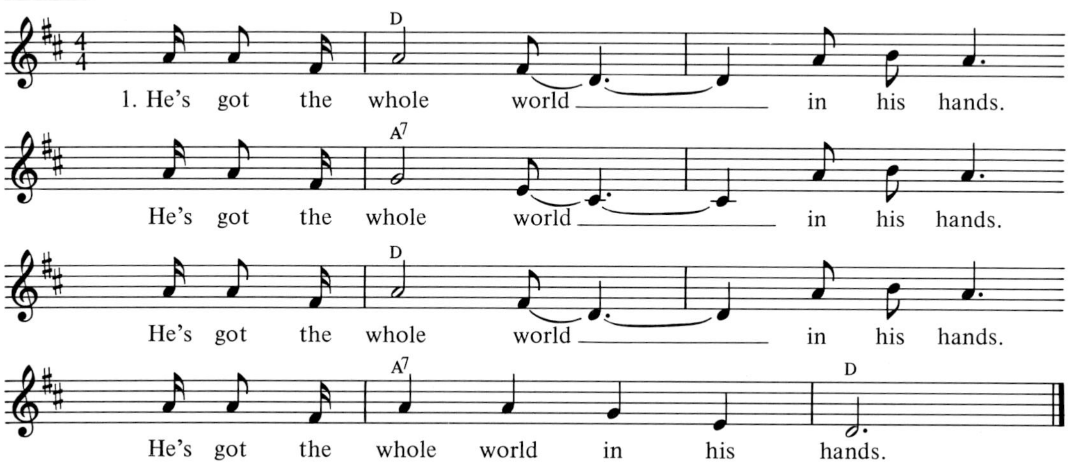

2. He's got the tiny little baby in his hands.
3. He's got you and me brother in his hands.
4. He's got the son and his father in his hands.
5. He's got the mother and her daughter in his hands.
6. He's got everybody here in his hands.
7. He's got the sun and the moon in his hands.

Text und Melodie: aus den USA, Spiritual.

Joshua fit the battle of Jericho 270

2. Up to the walls of Jericho,
he marched with spear in han'.
Go blow the ram horns, Joshua cried,
cause the battle is in my han'.

3. Then the lamb ram sheephorns began to blow,
the trumpets began to sound.
Joshua commanded the children to shout,
and the walls came tumblin' down.

Text und Melodie: aus den USA, Spiritual, Satz: Hans-Peter Banholzer, © Klett Verlag, Stuttgart.

When Israel was in Egypt's land

271

2. Thus spoke the Lord, bold Moses said, let my people go,
if not I'll smite your firstborn dead, let my people go.

3. No more shall they in bondage toil, let my people go,
let them come out with Egypt's spoil, let my people go.

Text und Melodie: aus den USA, Spiritual.

Oh, when the Saints go marchin' in

272

2. And when the stars begin to shine …
3. And when the band begins to play …
4. When Gabriel blows in his horn …
5. And when the sun refuse to shine …
6. And when they crown Him Lord of Lords …
7. And on that hallelujah-day …

Text und Melodie: aus den USA, Spiritual.

Take this hammer 273

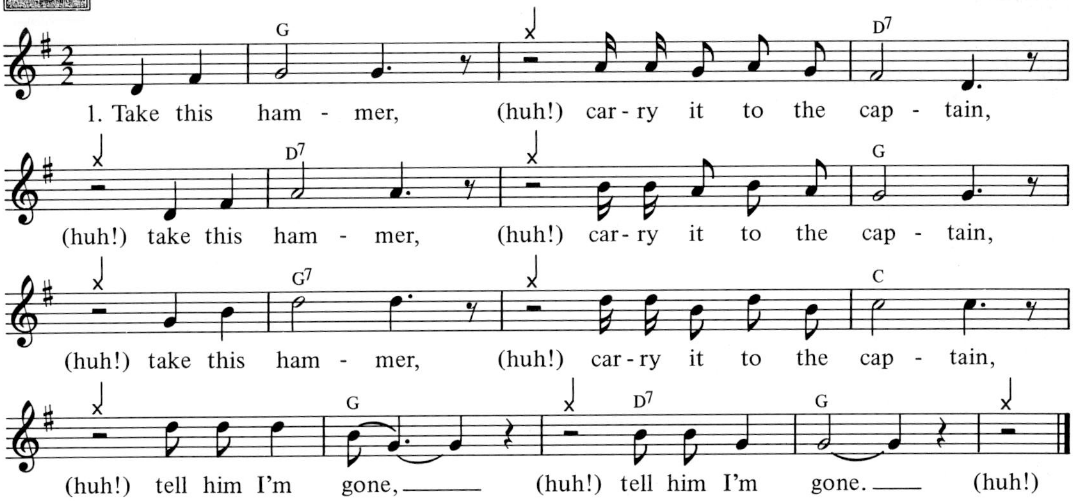

2. If he asks you was I runnin',
tell him I's flyin', tell him I's flyin'.

3. If he asks you was I laughin',
tell him I's cryin', tell him I's cryin'.

4. I don't want no peas, cornbread and tomatoes,
they hurt my pride, they hurt my pride.

5. I'm gonna bust right, bust right past that shooter,
I'm goin' home, I'm goin' home.

Vorsänger: „Take this hammer." – Workgang: „Huh!"
Vorsänger: „Carry it to the captain." – Workgang: „Huh!"
Bei der dritten Wiederholung „carry it to the captain" hält der Vorsänger das Wort „captain" so lange wie möglich aus, damit seine Kumpels etwas länger ausruhen können. Dann geht die schwere Arbeit weiter.

to bust = hier: ausbrechen
shooter = bewaffneter Aufseher

Text und Melodie: aus den USA, Worksong.

This ol' hammer 274

2. This ol' hammer shines like silver, but rings like gol'.

Text und Melodie: aus den USA, Worksong.

St. James Infirmary

275

2. On my left stood Joe McKennedy,
his eyes were bloodshot red;
he turned to the crowd around him,
those were the very words he said:

3. I went down to St. James Infirm'ry,
I saw my baby there,
stretched out on a long white table,
so sweet, so cold, so fair.

4. When I die, please, bury me
in my high top Stetson hat,
put a twenty-dollar gold piece on my watchchain,
so the gang'll know I'm standing pat.

„St. James Infirmary" ist im Jazz vor allem durch Louis Armstrong („Satchmo") bekannt geworden.

Text und Melodie: aus den USA.

Worried Man Blues

1. It takes a worried man to sing a worried song,
I'm worried now, but i won't be worried long.

2. I went across the river and I lay down to sleep …
and I woke up with shackles on my feet.

3 Twenty-nine links of chain around my leg …
and on each link the initial of my name.

4. I asked the judge what might be my fine …
twenty-one years on the R.C. Mountain Line.

5. Twenty-one years to pay my awful crime …
twenty-one years – but I got ninety-nine.

6. The train arrived sixteen coaches long …
the girl I love is on that train and gone.

7. I looked down the track as far as I could see …
little bitty hand was waving after me.

Unterlege dem Sprechgesang eine Begleitung.

Text: aus den USA.

Blues and trouble

276

2. Hm, people won't hear me moan.
Hm, people won't hear me moan.
Here's a poor boy baby and he's a long way from home.

Text und Melodie: aus den USA, Satz, Hans-Peter Banholzer,

Rock my soul

277

Text und Melodie: aus den USA, Kanonfassung: Erno Seifriz; aus „Das Liederboot", © Otto Maier Verlag, Ravensburg.

Tumpido

278

Improvisationsvorschlag: die Töne der pentatonischen Leiter.

Improvisationsmodell von Per O. Hildre, © Klett Verlag, Stuttgart.

Rocka my soul

Text und Melodie: aus den USA, Spiritual, Satz: Ottokar Nezbeda; aus „Freude mit Musik“,

Nobody knows

280

2. Although you see me goin' so, oh, yes, Lord,
I have my trails here below, oh, yes, Lord.

3. One day when I was walkin' long, oh, yes, Lord,
de element opened and love came down, oh, yes, Lord.

4. I never shall forget that day, oh, yes, Lord,
when Jesus washed my sins away, oh, yes, Lord.

Text und Melodie: aus den USA, Spiritual, Satz: Hans-Peter Banholzer, © Ernst Klett Verlag, Stuttgart.

Swing low, sweet chariot

Text und Melodie: aus den USA, Spiritual, Satz: Willi Gohl (geb. 1925); aus „Der Singkreis“,

Black, Brown and White Blues

282

2. I was in a place one night,
they was all having fun,
they was all drinking beer and wine,
but me, I couldn't buy none.
Now if you're white …

3. I was in an employment office,
got a number and fell in line,
they called every number,
but they never did call mine.
Now if you're white …

4. Me and a man working side by side,
this is what it meant:
He was getting a dollar an hour,
I was only making fifty cents.
Now if you're white …

5. I helped build this country,
I fought for it too;
now I guess that you can see
what a black man has got to do.
Now if you're white …

Text und Melodie: Big Bill Broonzy; aus Jerry Silverman, Folk Blues,
Satz: Hans-Peter Banholzer,

Cotton needs a picking so bad 283

2. Boy stop goosin that cotton, and take better care.
   Make haste you lazy rascal and bring that row from there.

3. Hurry up, hurry up, children, we ought to have been gone.
   This weather looks so cloudy, I think it's goin' to storm.

Text und Melodie: aus den USA, Satz: Rudolf Nardelli; aus „Lieder-Studio", © Päd. Verlagsgesellschaft, Wien.

Wade in the water

Text und Melodie: aus den USA, Spiritual, Satz: Hansruedi Willisegger; aus „Musik auf der Oberstufe", © Verlag Schweizer Singbuch Oberstufe, Amriswil.

Ev'ry time I feel the Spirit

Text und Melodie: aus den USA, Gospel, Satz: Hansruedi Willisegger; aus „Musik auf der Oberstufe", © Verlag Schweizer Singbuch Oberstufe, Amriswil.

Blin' man stood on de way an' cried

286

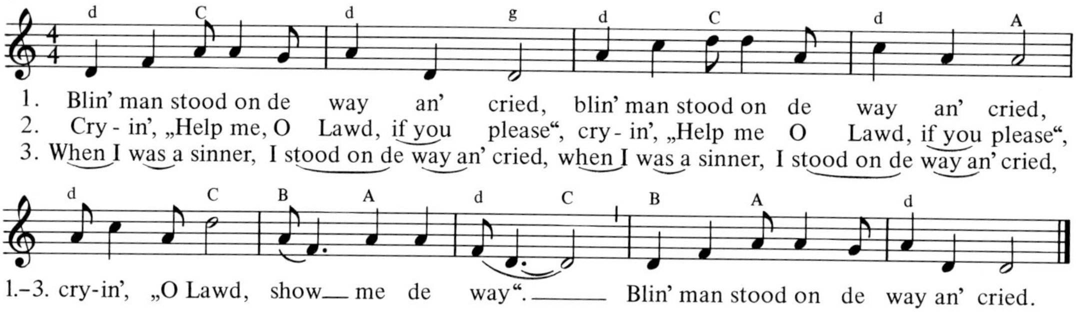

Text und Melodie: aus den USA, Spiritual.

Sometimes I feel

287

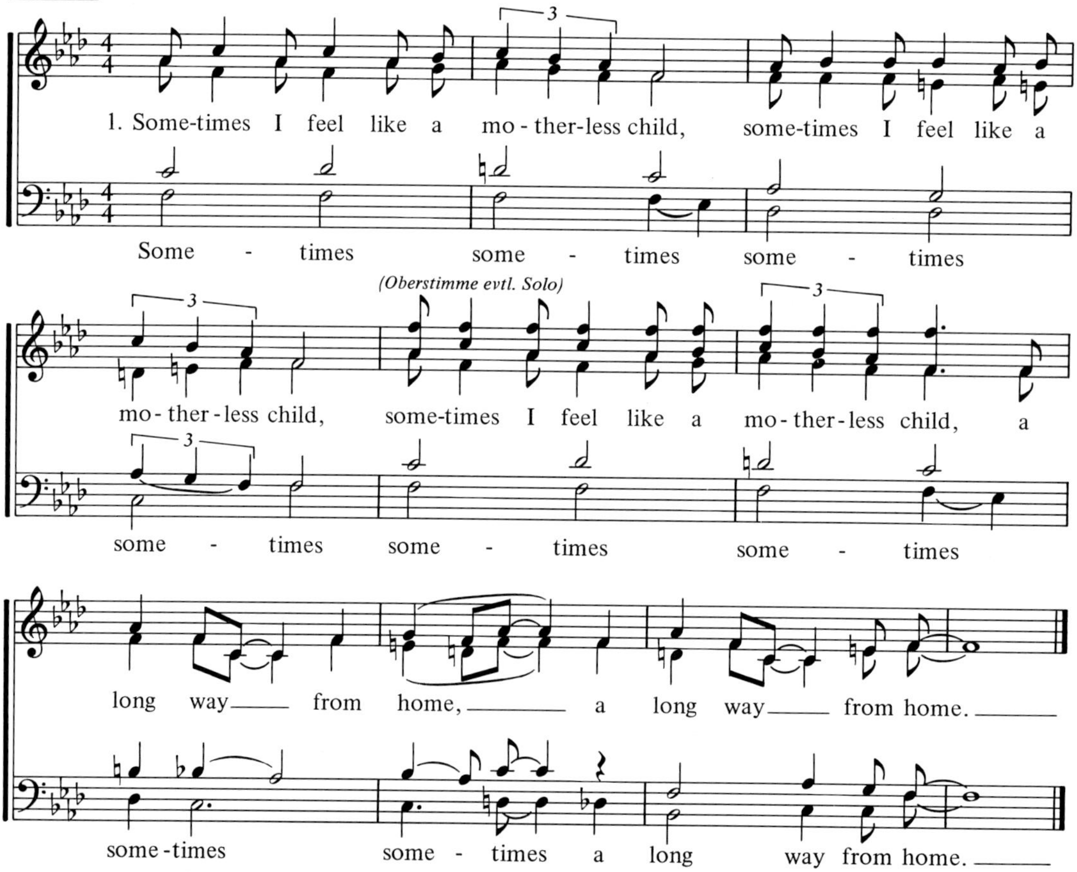

2. Sometimes I feel like I'm almost gone,
way up in the Heavenly land.

Text und Melodie: aus den USA, Spiritual, Satz: Hans-Peter Banholzer, © Klett Verlag, Stuttgart.

Now's the time

Erfinde einen Blues-Baß. Der Baß geht am besten in Viertelnoten und hat die oben angegebenen Akkorde als Grundlage.

Melodie: aufgeschrieben nach einer Jazz-Improvisation von Charly Parker (1920-1955).

Can the Circle be Unbroken

Can the circle be unbroken, by and by, Lord.
There's a better home awaiting in the sky, Lord.

1. I was standing by the window
on one cold and cloudy day,
when I saw the hearse come rolling
for to carry my mother away.

Can the circle be unbroken ...

2. Lord, I told the untertaker:
"Untertaker, please drive slow,
for this body you are hauling,
Lord, I hate to see her go."

Can the circle be unbroken ...

3. For I followed close behind her,
tried to cheer up and be brave,
but my sorrows, I could not hide them,
when they laid her in the grave.

Can the circle be unbroken ...

Text: aus den USA.

Unterlege dem Sprechgesang eine Begleitung.

mpty Pocket Blues

Erfinde einen Blues-Text.

Aus „rhythm & blues" Band I, herausgegeben von Wesley Schaum,

Schlimme Zeiten

288

2. Geld nur regiert die ganze Welt, dazu verhilft Betrügen;
wer sich sonst noch so redlich hält, muß doch bald unterliegen.
Rechtschaffen hin, rechtschaffen her, das sind nur alte Geigen:
Betrug, Gewalt und List vielmehr, klag du, man wird dir's zeigen.

3. Doch wie's auch kommt, das arge Spiel, behalt ein tapfers Herze,
und sind der Feind auch noch so viel, verzage nicht im Schmerze!
Steh gottgetreulich, unverzagt in deiner blanken Wehre:
Wenn sich der Feind auch an uns wagt, es geht um Gut und Ehre!

Text und Melodie: nach einem handschriftlichen Liederbuch des Franz Wilhelm Freiherr von Ditfurt (1826) aus dem 17. Jahrhundert.

Got gnad dem großmechtigen keiser frumme

289

2. In Wammes und Halbhosen muß er springe,
Schnee, Regen, Wind, alles achten geringe
und hart liegen für gute Speis';
wollt mancher gerne schwitzen,
wenn ihm möcht werden heiß.

3. Wenn sie dann ihr Kapitel wöllen halte,
mit Spieß und Hellebarden sicht mans balde
zum Fähnlein in die Ordnung stahn,
dann tut der Hauptmann sagen:
„Die Feind wöll wir greifen an!"

4. Darnach hört man das groß Geschütz und kleine,
„Her, her!" schreien die Frummen all gemeine,
so hebt sich an das Ritterspiel,
mit Spieß und Hellbarden
sicht man ihr fechten viel.

5. „Lerman, Lerman!" hört man die Trummen spechte,
dabei setzens die ihre Rechte.
Eine grüne Heid ist Richters Buch,
darin schreibt man die Urteil,
bis eim rinnts Blut in d'Schuh.

6. Das ist der Kriegslust Observanz und Rechte,
sang Jörg Graff, ein Bruder aller Landsknechte,
Unfall hat ihm sein Freud gewendt,
wär sunst im Orden blieben
willig bis an sein End.

Dieses Lied sangen die Landsknechte, die im Dienste Kaiser Maximilians standen. Sie sahen ihre Gemeinschaft so streng wie einen Mönchsorden. „Lerman" bedeutet „zu den Waffen" (französisch: l'arme = die Waffe).

Text: vermutlich von dem Württemberger Jörg Graf (Fliegendes Blatt von 1530), Melodie: um 1560 (Dresdner Codex 53).

Wir zogen in das Feld

290

Das Lied wurde während der italienischen Feldzüge Karl des V. gesungen, auch während der Kämpfe gegen Venedig (1509). Mit „Siebentod" ist ein Ort namens „Cividale" in Friaul gemeint.
Der Kehrreim ist Landsknechtswelsch („Kauderwelsch"): „Strombetta mi, la, la, mi, presenti all mostra, signori!" („Trompetet e, a, a, e, erscheint zur Musterung, ihr Herren!"). Die Melodie parodiert den Kirchengesang. In der Jugendbewegung wurde das Lied oft in Moll gesungen.

Text und Melodie: Landsknechtmarsch aus dem 16. Jahrhundert, aus Georg Forsters „Frische teutsche Liedlein".

Ein feste Burg ist unser Gott 291

2. Mit unsrer Macht ist nichts getan,
wir sind gar bald verloren;
es streit' für uns der rechte Mann,
den Gott hat selbst erkoren.
Fragst du, wer der ist?
Er heißt Jesus Christ,
der Herr Zebaoth,
und ist kein andrer Gott;
das Feld muß er behalten.

3. Und wenn die Welt voll Teufel wär,
und wollt uns gar verschlingen,
so fürchten wir uns nicht so sehr,
es soll uns doch gelingen.
Der Fürst dieser Welt,
wie sauer er sich stellt,
tut er uns doch nichts,
das macht, er ist gericht':
Ein Wörtlein kann ihn fällen.

4. Das Wort sie sollen lassen stahn
und kein' Dank dazu haben.
Er ist bei uns wohl auf dem Plan
mit seinem Geist und Gaben.
Nehmen sie den Leib,
Gut, Ehr, Kind und Weib:
Laß fahren dahin,
sie habens kein' Gewinn;
das Reich muß uns doch bleiben.

Martin Luther verfaßte dieses Lied 1528, als die Auseinandersetzungen zwischen ihm und der Kirche immer heftiger und kämpferischer wurden.

Text und Melodie: Martin Luther (1483-1546).

Der Tod reit'

2. Der Tod reit' auf einem lichten Schimmel,
so schön wie ein Cherubim im Himmel.
Wenn Mädchen ihren Reigen schreiten,
will er mit ihnen im Tanze gleiten. Flandern …

3. Der Tod kann auch die Trommel rühren,
du kannst den Wirbel im Herzen spüren.
Er trommelt lang, er trommelt laut,
er trommelt auf einer Totenhaut. Flandern …

4. Der Tod kann Rappen und Schimmel reiten,
der Tod kann lachend im Tanze schreiten.
Er trommelt lang, er trommelt fein,
gestorben, gestorben, gestorben muß sein. Flandern …

Der ersten Veröffentlichung dieses Liedes war ein Zusatz beigegeben: „Aus Dinant in Flandern (Schlachtort während des Ersten Weltkrieges) unter Verwendung eines alten Totentanzliedes aus dem 16. Jahrhundert.

Text und Melodie: 1917 veröffentlicht nach einem alten Totentanzlied aus dem 16. Jahrhundert, Satz: Hans-Peter Banholzer,

Es ist ein Schnitter 293

2. Was heut noch grün und frisch dasteht,
wird morgen weggemäht.
Die edel Narcissel,
die englische Schlüssel,
die schön Hyacinthen,
die türkischen Winden:
Hüt dich, schöns Blümelein!

3. Viel hunderttausend ungezählt,
was nur unter die Sichel fällt:
Rot Rosen, weiß Liljen,
beid wird er austilgen,
und ihr Kaiserkronen,
man wird euch nicht schonen:
Hüt dich, schöns Blümelein!

4. Trutz, Tod! Komm her, ich fürcht dich nit!
Trutz, eil daher in einem Schnitt!
Wann Sichel mich letzet,
so werd ich versetzet
in himmlischen Garten:
Darauf will ich warten.
Freu dich, schöns Blümelein!

Auf dem Flugblatt stand zur Entstehung des Liedes: „Schnitterlied, gesungen zu Regensburg, da eine hochadelige Bluemen ohn versehen abgebrochen im Jenner 1637. Gedichtet im Jahr 1637."

Text und Melodie: Flugblatt aus dem Dreißigjährigen Krieg, Satz: Hans-Peter Banholzer, © Klett Verlag, Stuttgart.

Es war ein Schütz

294

2. Auf den Bergen ist die Freiheit,
auf den Bergen ist es schön,
doch auf so eine schlechte Weise
mußte Jennerwein zugrunde gehn!

3. Auf hartem Stein hat er sein Blut vergossen,
am Bauche liegend fand man ihn,
von hinten war er angeschossen,
zersplittert war sein Unterkinn.

4. Du feiger Jäger, das ist eine Schande,
du erwirbst dir wohl kein Ehrenkreuz,
er fiel mit dir nicht im offnen Kampfe,
weils der Schuß von hint beweist.

5. Man bracht ihn dann noch auf den Wagen,
bei finstrer Nacht ging es noch fort,
begleitet von seinen Kameraden
nach Schliersee, seinem Lieblingsort.

6. Dort ruht er sanft, ja, wie ein jeder,
bis an den großen Jüngsten Tag,
dann zeigt uns Jennerwein den Jäger,
der ihn von hint erschossen hat.

7. Und am großen Jüngsten Tage
putzt jeder sein Gewissen und's Gewehr,
dann marschiern d'Jäger samt die Förster
aufs Gamsgebirg zum Luzifer.

8. Zum Schlusse Dank noch den Vetranen,
da ihr den Trauermarsch so schön gespielt,
Jäger, tut euch nur ermahnen,
daß keiner mehr von hinten zielt.

Am 6. November 1877 wurde der Holzknecht Georg Jennerwein aus Westerhofen bei Schliersee „von hint" erschossen.

Text und Melodie: aus Bayern.

Prinz Eugen

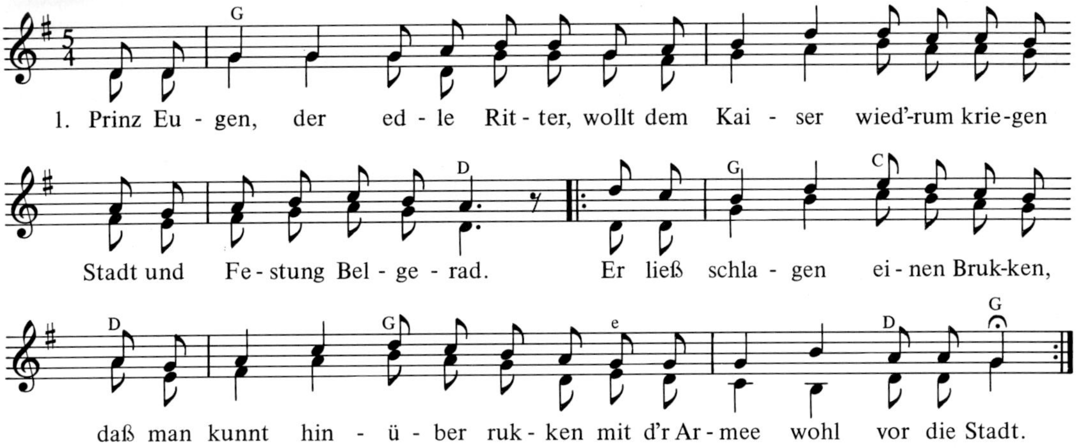

2. Als der Brucken war geschlagen,
daß man kunnt mit Stuck und Wagen
frei passiern den Donaufluß:
Bei Semlin schlug man das Lager,
alle Türken zu verjagen,
ihn'n zum Spott und zum Verdruß.

3. Am einundzwanzigsten August so eben
kam ein Spion bei Sturm und Regen,
schwur's dem Prinz'n und zeigt's ihm an,
daß die Türken furagieren,
so viel als man kunnt verspüren,
an die dreimal hunderttausend Mann.

4. Als Prinz Eugenius dies vernommen,
ließ er gleich zusammen kommen
sein General und Feldmarschall;
er tät sie recht instruieren,
wie man sollt die Truppen führen
und den Feind recht greifen an.

5. Bei der Parole tät er befehlen,
daß man sollt die zwölfe zählen
bei der Uhr um Mitternacht;
da sollt all's zu Pferd aufsitzen,
mit dem Feinde zu scharmützen,
was zum Streit nur hätte Kraft.

6. Alles saß auch gleich zu Pferde,
jeder griff nach seinem Schwerte,
ganz still ruckt man aus der Schanz;
d'Musketier wie auch die Reiter
täten alle tapfer streiten;
's war fürwahr ein schöner Tanz!

7. Ihr Konstabler auf der Schanzen,
spielet auf zu diesem Tanzen
mit Kartaunen groß und klein,
mit den großen, mit den kleinen
auf die Türken, auf die Heiden,
daß sie laufen all' davon!

8. Prinz Eugenius wohl auf der Rechten
tät als wie ein Löwe fechten
als General und Feldmarschall.
Prinz Ludewig ritt auf und nieder:
Halt't euch brav, ihr deutschen Brüder,
greift den Feind nur herzhaft an!

9. Prinz Ludwig, der mußt' aufgeben
seinen Geist und junges Leben,
ward getroffen von dem Blei.
Prinz Eugen war sehr betrübet,
weil er ihn so sehr geliebet;
ließ ihn bring'n nach Peterwardein.

Franz Eugen, Prinz von Savoyen, österreichischer Generalfeldmarschall, befreite 1717 Belgrad von den Türken.

Text und Melodie: um 1717.

Prinz Eugen

296

cresc.
ruht auf ei - ner woll-nen Dek-ken der Trom pe - ter ganz al-lein:
hab' ich zu Nutz dem gan-zen Hee-re in ge-hör'-gen Reim ge-bracht.
„Laßt den Knö - chel, laßt die Kar-ten, kai-ser-li - che Feld-stan-dar-ten
Sel-ber auch ge - setzt die No-ten, drum, ihr Wei - ßen und ihr Ro-ten,
wird ein Rei-ter-lied er-freun!
mer-ket auf und ge-bet acht!"
5. Und er singt die neu-e Wei-se
ein-mal, zwei - mal, drei-mal lei-se de-nen Rei-ters - leu-ten vor;
poco f
p

Text: Ferdinand Freiligrath (1810-1876), Melodie: Karl Loewe (1796-1896).

Zogen einst fünf wilde Schwäne 297

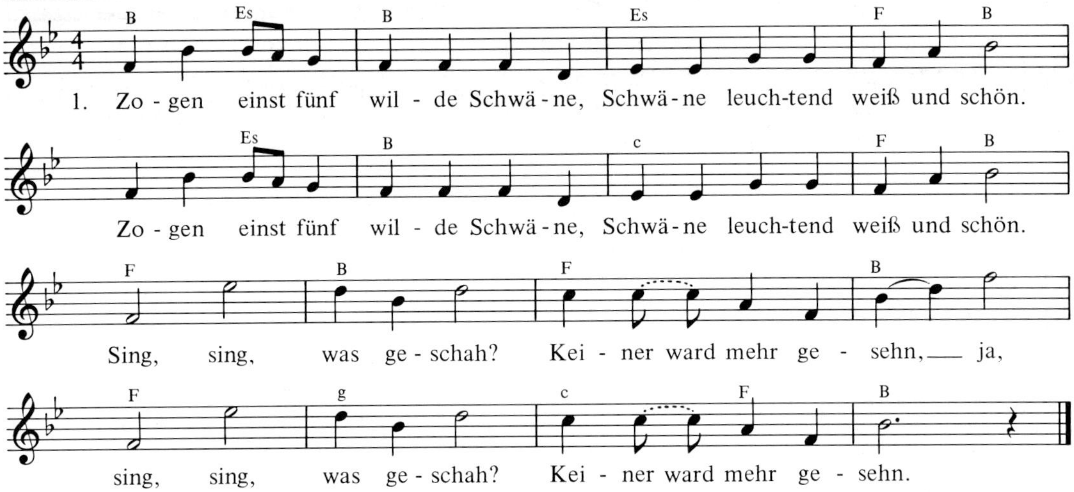

2. Wuchsen einst fünf junge Birken grün und frisch am Bachesrand.
Wuchsen einst fünf junge Birken grün und frisch am Bachesrand.
Sing, sing, was geschah? Keine in Blüten stand, ja,
sing, sing, was geschah? Keine in Blüten stand.

3. Zogen einst fünf junge Burschen stolz und kühn zum Kampf hinaus.
Zogen einst fünf junge Burschen stolz und kühn zum Kampf hinaus.
Sing, sing, was geschah? Keiner kehrt nach Haus, ja,
sing, sing, was geschah? Keiner kehrt nach Haus.

4. Wuchsen einst fünf junge Mädchen schlank und schön am Memelstrand.
Wuchsen einst fünf junge Mädchen schlank und schön am Memelstrand.
Sing, sing, was geschah? Keins den Brautkranz wand, ja,
sing, sing, was geschah? Keins den Brautkranz wand.

Text und Melodie: aus Litauen, deutsche Übertragung: Karl Plenzat; aus der „Liederschrein", © Verlag Hofmeister, Hofheim/Taunus.

Auf der Lichtung

Sommermittag auf dem Hochwald brütet,
aber auf der Lichtung, treu behütet
vom Geflechte dunkler Brombeerranken,
wachen auf des Waldes Lichtgedanken.

Falter sind es, die so farbenprächtig,
auf der Lichtung, sonnig halb und nächtig,
diese Brombeerblüten still umbeben,
Purpurdisteln geistergleich umschweben.

Sagt mir an, ihr stillen Geisterfalter
auf der Lichtung: Wie viel Zeitenalter
ihr im Banne laget bei den Toten,
eh ihr wurdet solche Wunderboten?

Christian Wagner (1835-1918); aus den „Sonntagsgängen", © Jürgen Schweier Verlag, Kirchheim/Teck.

Die beiden Grenadiere

298

p
dier' wohl ob der kläg - li - chen Kun - de. Der ei - ne sprach: „Wie weh wird
mir, wie brennt mei - ne al - te Wun - de!“ Der an - dre sprach: „Das Lied ist
aus, auch ich möcht' mit dir ster - ben, doch hab ich Weib und Kind zu Haus, die
mf
oh - ne mich ver - der - ben!“ „Was schert mich Weib, was schert mich Kind, ich
tra - ge weit bes - ser Ver - lan - gen; laß sie bet - teln gehn, wenn sie hung - rig sind; mein

p nach und nach bewegter
Kai - ser, mein Kai - ser ge - fan - gen! Ge - währ' mir, Bruder, ei - ne Bitt': Wenn
ich jetzt ster - ben wer - de, so nimm mei - ne Lei - che nach
p
Frank - reich mit, be - grab' mich in Frank - reichs Er - de. Das
schneller
Eh - renkreuz am ro - ten Band sollst du aufs Herz mir le - gen; die
Flin - te gib mir in die Hand, und gürt' mir um den De - gen. So
f

Text: Heinrich Heine (1797-1856), Musik: Robert Schumann (1810-1856).

Die Gedanken sind frei 299

2. Ich denke, was ich will und was mich beglücket,
   doch alles in der Still', und wie es sich schicket.
   Mein Wunsch und Begehren kann niemand verwehren,
   es bleibet dabei: die Gedanken sind frei!

3. Und sperrt man mich ein im finsteren Kerker,
   das alles sind rein vergebliche Werke;
   denn meine Gedanken zerreißen die Schranken
   und Mauern entzwei: die Gedanken sind frei!

4. Drum will ich auf immer den Sorgen entsagen
   und will mich auch nimmer mit Grillen mehr plagen.
   Man kann ja im Herzen stets lachen und scherzen
   und denken dabei: die Gedanken sind frei!

Der Text wurde zur Zeit der französischen Revolution auf Flugblättern in Süddeutschland verbreitet. Die Melodie stammt ursprünglich von einem Schweizer Volkslied – ob es ein Hütelied in den Bergen war oder Tanzlied, das ist nicht sicher. 1815 erscheinen Text und Melodie zusammen.
Das Lied wurde oft zum Symbol des inneren Widerstands, auch in den nationalsozialistischen Konzentrationslagern.

Text und Melodie: sind in der heute verbreiteten Weise seit 1800 bekannt.

Die Moorsoldaten

300

2. Hier in dieser öden Heide
   ist das Lager aufgebaut,
   wo wir fern von jeder Freude
   hinter Stacheldraht verstaut.
   Wir sind ...

3. Morgens ziehen die Kolonnen
   in das Moor zur Arbeit hin,
   graben bei dem Brand der Sonne,
   doch zur Heimat steht der Sinn.
   Wir sind ...

4. Heimwärts, heimwärts! Jeder sehnet
   sich nach Eltern, Weib und Kind.
   Manche Brust ein Seufzer dehnet,
   weil wir hier gefangen sind.
   Wir sind ...

5. Auf und nieder gehn die Posten,
   keiner, keiner kann hindurch.
   Flucht wird nur das Leben kosten:
   vierfach ist umzäunt die Burg.
   Wir sind ...

6. Doch für uns gibt es kein Klagen,
   ewig kann's nicht Winter sein,
   Einmal werden froh wir sagen:
   Heimat, du bist wieder mein!
   Dann ziehn die Moorsoldaten
   nicht mehr mit dem Spaten ins Moor!

1933 im KZ Börgermoor (Emsland) von Häftlingen verfaßt, wurde dieses Lied bald international als Aufruf gegen Gewaltherrschaft verstanden.

Text: Johann Esser / Wolfgang Langhoff, Melodie: Rudi Goguel / Hanns Eisler, aus „Lieder aus den faschistischen Konzentrationslagern“,

Kosakenlied 301

Jungen: „Laß das Weinen, laß das Klagen, nimmer sollst du, Liebste, zagen.
Ruhmbedeckt nach schweren Tagen kehr ich dann zurück. Hei!"

Mädchen: „Ruhm und Ehre gilt mir wenig, denn nach dir allein ich sehn mich,
du bist meines Herzens König, du allein mein Glück."

Melodie: aus Rußland, deutscher Text und Satz: Siegfried Spring, *Siehe auch Seite 57.*

Zena

302

Hinaus in das Lager zu den Kriegern, ihr Mädchen.
Laßt euch nicht unterkriegen von euren Feinden, ihr Streiter!

Text und Melodie: aus Israel, Kanonvorschlag: Klaus Wolf, © Edition Eres, Lilienthal.

Fällt ein Regen

303

2. Weißer Rabe, bunter Rabe, tu mir den Gefallen:
Fliege hin, sieh nach meinem Engel, ob er nach mir weinet.
Wenn du ihn dann traurig siehst, Perlentränen tropfen siehst,
sag ihm dann, sag ihm diese Botschaft: ich werd' ihn besuchen.

Text und Melodie: aus Ungarn, deutscher Text: Bernhard Binkowski (geb. 1912), © Metzler Verlag, Stuttgart.

Mutter Courage's Lied

304

Ihr Hauptleut, eure Leut marschieren
Euch ohne Wurst nicht in den Tod.
Laßt die Courage sie erst kurieren
Mit Wein von Leibs- und Geistesnot.
Kanonen auf die leeren Mägen
Ihr Hauptleut, das ist nicht gesund.
Doch sind sie satt, habt meinen Segen
Und führt sie in den Höllenschlund.

Das Frühjahr kommt. Wach auf, du Christ!
Der Schnee schmilzt weg. Die Toten ruhn.
Und was noch nicht gestorben ist
Das macht sich auf die Socken nun.

So mancher wollt so manches haben
Was es für manchen gar nicht gab:
Er wollt sich schlau ein Schlupfloch graben
Und grub sich nur ein frühes Grab.
Schon manchen sah ich sich abjagen
In Eil nach einer Ruhestatt –
Liegt er dann drin, mag er sich fragen
Warums ihm so geeilet hat.

Das Frühjahr kommt. Wach auf, du Christ!
Der Schnee schmilzt weg. Die Toten ruhn.
Und was noch nicht gestorben ist
Das macht sich auf die Socken nun.

Von Ulm nach Metz, von Metz nach Mähren!
Mutter Courage ist dabei!
Der Krieg wird seinen Mann ernähren
Er braucht nur Pulver zu und Blei.
Von Blei allein kann er nicht leben
Von Pulver nicht, er braucht auch Leut!
Müßts euch zum Regiment begeben
Sonst steht er um! So kommt noch heut!

Das Frühjahr kommt. Wach auf, du Christ!
Der Schnee schmilzt weg. Die Toten ruhn.
Und was noch nicht gestorben ist
Das macht sich auf die Socken nun.

Mit seinem Glück, seiner Gefahre
Der Krieg, er zieht sich etwas hin.
Der Krieg, er dauert hundert Jahre
Der g'meine Mann hat kein Gewinn.
Ein Dreck sein Fraß, sein Rock ein Plunder!
Sein halben Sold stiehlts Regiment.
Jedoch vielleicht geschehn noch Wunder:
Der Feldzug ist noch nicht zu End!

Das Frühjahr kommt! Wach auf, du Christ!
Der Schnee schmilzt weg! Die Toten ruhn!
Und was noch nicht gestorben ist
Das macht sich auf die Socken nun.

Bertolt Brecht schrieb dieses Lied für sein Stück „Mutter Courage und ihre Kinder. Eine Chronik aus dem Dreißigjährigen Krieg". Das Werk wurde kurz vor Ausbruch des Zweiten Weltkriegs vollendet. Paul Dessau griff für seine Melodie auf das französische Lied „L'étendard de la pitié" zurück.

Die Moritat von Mackie Messer 305

2. Ach, es sind des Haifischs Flossen
Rot, wenn dieser Blut vergießt!
Mackie Messer trägt 'nen Handschuh
Drauf man keine Untat liest.

3. An der Themse grünem Wasser
Fallen plötzlich Leute um!
Es ist weder Pest noch Cholera
Doch es heißt: Macheath geht um.

4. An 'nem schönen blauen Sonntag
Liegt ein toter Mann am Strand
Und ein Mensch geht um die Ecke
Den man Mackie Messer nennt.

5. Und Schmul Meier bleibt verschwunden
Und so mancher reiche Mann
Und sein Geld hat Mackie Messer
Dem man nichts beweisen kann.

6. Jenny Towler ward gefunden
Mit 'nem Messer in der Brust
Und am Kai geht Mackie Messer
Der von allem nichts gewußt.

7. Wo ist Alfons Glite, der Fuhrherr?
Kommt das je ans Sonnenlicht?
Wer es immer wissen könnte –
Mackie Messer weiß es nicht.

8. Und das große Feuer in Soho
Sieben Kinder und ein Greis –
In der Menge Mackie Messer, den
Man nicht fragt und der nichts weiß.

9. Und die minderjährige Witwe
Deren Namen jeder weiß
Wachte auf und war geschändet –
Mackie, welches war dein Preis?

Macheath, genannt „Mackie Messer", ist die Hauptfigur in Brechts „Dreigroschenoper", die 1928 uraufgeführt wurde. Brecht transponierte dabei den Stoff der „Beggar's Opera" von John Gay in die Jahre nach dem Ersten Weltkrieg. Entsprechend verlangt Kurt Weill für seine Musik ein kleines Jazzorchester.

Text: Bert Brecht (1898-1956), Melodie: Kurt Weill (1900-1950),

Das Lied von der Moldau

3. Am Grunde der Moldau wandern die Steine,
es liegen drei Kaiser begraben in Prag.
Das Große bleibt groß nicht und klein nicht das Kleine.
Die Nacht hat zwölf Stunden, dann kommt schon der Tag.

Brechts Komödie „Schweyk im Zweiten Weltkrieg“ (1944) hat als Vorlage J. Hašeks „Abenteuer des braven Soldaten Schwejk“, der hier – typisch für Brecht – die Zeitläufe in verschlüsselter Form beschreibt. In H. Eislers Vertonung klingt unüberhörbar Smetanas „Moldau“ durch.

Text: Bert Brecht (1898-1956), © Suhrkamp Verlag, Frankfurt am Main, Melodie: Hanns Eisler (1898-1962), © VEB Deutscher Verlag für Musik, Leipzig.

Donna, donna

307

2. „Stop complaining!“ said the farmer.
„Who told you a calf to be?
Why don't you have wings to fly with
like a swallow so proud and free?“
How the winds are ...

3. Calves are easily bound and sloughtered,
never knowing the reason why,
but whoever treasures freedom,
like the swallow has learned to fly.
How the winds are ...

2. Schreit dos kelbl, sogt der pojer,
wer-ssche hejst dich sajn a kalb?
Wolst gekent doch sajn a foigl,
wolst gekent doch sajn a schwalb.
Lacht der wind in korn ...

3. Bidne kelblech tut men bindn,
un men schlept sej un men schecht.
Wer's hot fligl, flit arojf tsu,
is bej kejnem nischt kejn knecht.
Lacht der wind in korn ...

ojfn = auf dem
forel = Wagen
pojer = Bauer

bidne = arme
schecht = schlachtet
arojf tsu = in die Höhe

Itzchak Katsenelson war Schriftsteller und lehrte an jüdischen Schulen im polnischen Lodz. Seine Dramen wurden von jüdischen Theatern in Polen, aber auch in den USA aufgeführt. Dieses Lied verfaßte er in jiddischer Sprache unter dem Eindruck des Lebens im Warschauer Ghetto und der Deportation in das Konzentrationslager Auschwitz. Dort wurde er 1944 ermordet.
Sholom Secunda sicherte sich die Rechte an dem Lied für sein Jiddisches Musiktheater in New York. Mit dem englischen Text und dem Titel „Donna, donna“ wurde es ein international verbreiteter Popsong.
Die jiddische Sprache bildete sich bei den Juden, die in osteuropäischen Ländern lebten. Sie verbindet Elemente aus westeuropäischen Sprachen (z. B. deutsch) und osteuropäischen (slawischen) und Hebräisch.

Text und Melodie (Originalfassung in jiddischer Sprache): Itzchak Katsenelson (1886–1944), englischer Text: Sheldon Secunda,

Mein Vater wird gesucht 308

2. Die Mutter aber weint,
wir lasen im Bericht:
Der Vater sei gefangen,
und hätt sich aufgehangen,
das glaub ich aber nicht.

3. Er hat uns doch gesagt,
so etwas tät er nicht.
Es sagten die Genossen,
SA hätt ihn erschossen,
ganz ohne ein Gericht.

4. Heut weiß ich ganz genau,
warum sie das getan.
Wir werden doch vollenden,
was er nicht konnt beenden,
und Vater geht voran!

Dieses Lied, 1935 entstanden, prangert die Gewaltherrschaft des Dritten Reiches offen an.

Text: Hans Drach, Melodie: Gerda Kohlmey, aus „Lieder aus den faschistischen Konzentrationslagern“,

Bella ciao

309

1. Una mattina
mi sono alzato,
o bella ciao …
una mattina
mi sono alzato,
e ho trovato l'invasor.

2. O partigiano
portami via
o bella ciao …
o partigiano
portami via
qui mi sento di morir.

3. Es se io muoio
de partgiano
o bella ciao …
e se io muoio
de partigiano
tu mi devi seppelir.

4. Seppelire
sulla montagna
o bella ciao …
seppelire
sulla montagna
sotto l'ombra d'un bel fior.

5. E le genti
che passeranno
o bella ciao …
e le genti
che passeranno
diranno o che bel fior.

6. E quest' é il fiore
del partigiano
o bella ciao …
e quest' é il fiore
del partigiano
morto per la libertá!

Übersetzung:

1. *An einem Morgen*
in aller Frühe,
o bella ciao …
an einem Morgen
in aller Frühe
da trafen wir den Invasor.

2. *Ihr Partisanen,*
oh, nehmt mich mit euch,
o bella ciao …
ihr Partisanen,
oh, nehmt mich mit euch,
auch wenn ich weiß, es ist mein Tod.

3. *Und wenn ich sterbe*
als Partisane,
o bella ciao …
und wenn ich sterbe
als Partisane,
dann legt mich hin zur letzten Ruh.

4. *Begrabt mich oben*
in meinen Bergen,
o bella ciao …
begrabt mich oben
in meinen Bergen,
pflanzt eine Blume auf mein Grab.

5. *Und alle Leute,*
die dran vorbeigehn,
o bella ciao …
und alle Leute,
die dran vorbeigehn,
die sehn die schöne Blume blühn.

6. *Es ist die Blume*
des Partisanen,
o bella ciao …
es ist die Blume
des Partisanen,
der für die Freiheit aller starb!

Text und Melodie: Partisanenlied aus dem Zweiten Weltkrieg, das auf ein altes Lied italienischer Baumwollpflückerinnen zurückgeht.

Ma liberté

310

1. Ma liberté, longtemps je t'ai gardee
comme une perle rare.
Ma liberté, c'est toi qui m'as aide
a larguerles amarres,
pour aller n'importe ou,
pour aller jusqu'au bout des chemins de fortune,
pour cueillir en rêvant une rose des vents
sur un rayon de lune.

2. Ma liberté, devant tes volontes
mon âme était suosmise.
Ma liberté, je t'avais tout donné,
ma dernière chemise
et combien j'ai souffert
pour pouvoir satisfaire tes moindres exigences.
J'ai changé de pays, j'ai perdu mes amis
pour gagner ta confiance.

3. Ma liberté, pourtant je t'ai quittee
une nuit de Décembre,
j'ai déserté les chemins écartés
que nous suivions ensemble,
lorsque sans me méfier,
les pieds et poings liés, je me suis laissé faire
et je t'ai trahi pour une prison d'amour
et sa belle geolière.
Et je t'ai trahi pour une prison d'amour
et sa belle geolière.

1. Meine Freiheit, lange Zeit habe ich dich gehütet,
wie eine seltene Perle.
Meine Freiheit, du warst es, die mir half,
die Anker immer wieder zu lichten,
um irgendwohin zu ziehen,
bis an das Ende der Wege des Glücks.
Um träumend zu pflücken eine Windrose,
von einem Strahl des Mondes.

2. Meine Freiheit, mein Leben,
hatte sich deinem Willen unterworfen,
Meine Freiheit, ich gab dir alles,
mein letztes Hemd.
Und wie habe ich gelitten,
um alle deine Forderungen erfüllen zu können.
Ich zog von Land zu Land, ich verlor meine Freunde,
um dein Vertrauen zu gewinnen.

3. Meine Freiheit, trotzdem verließ ich dich.
Eines Nachts im Dezember
habe ich die abgelegten Wege verlassen,
die wir gemeinsam gegangen waren,
als ich, ohne zu mißtrauen,
mich an Händen und Füßen fesseln ließ.
Und ich verriet dich für ein Gefängnis der Liebe
und seine schöne Gefängniswärterin.
Und ich verriet dich für ein Gefängnis der Liebe
und seine schöne Gefängniswärterin.

Text und Melodie: Georges Moustaki,

Guantanamera

311

Guantanamera, guajira Guantanamera.
1. Yo soy un hombre sincero,
de donde crece la palma, (2x)
y antes de morir me quiero
echar mis versos del alma.
Guantanamera ...

2. Mi verso es de ub verde claro
y de un carmin encendido, (2x)
mi verso es un ciervo herido
que busca en el monte amparo.
Guantanamera ...

3. Con los pobres de la tierra
quiero yo mi suerte echar, (2x)
el arroyo de la sierra
me complace mas que el mar.
Guantanamera ...

Wörtliche Übersetzung:

Mädchen von Guantanamo.
1. Ich bin ein freiheitsliebender Mann
und komme aus einem Land, wo Palmen wachsen.
Bevor mich der Tod zum Schweigen bringt,
möchte ich mir meine Lieder vom Herzen singen.
Guantanamera ...

2. Meine Gedichte sind von sanftem Grün
und von flammendem Rot.
Mein Lied gleicht einem verwundeten Hirsch,
der sich in die Bergwälder flüchtet.
Guantanamera ...

3. Mit den Armen der Erde
möchte ich mein Schicksal teilen.
Der Fluß in den Bergen
gefällt mir besser als das freie Meer.
Guantanamera ...

Der Komponist verfaßte die Melodie zu dem Text des Freiheitshelden Marti nach einem alten kubanischen Tanzlied (Guajira). Marti war im Befreiungskampf der Kubaner gegen die Spanier gefallen.
Das Lied „Guantanamera" – 1928 geschrieben – verbreitete sich schnell im Land und wurde sehr beliebt. Im Jahre 1932 wurde es zu einer Art Erkennungsmelodie im Kubanischen Rundfunk. Es wurden immer neue Strophen hinzugedichtet, in denen die Menschen in den anderen Landschaften Kubas – nicht nur die Mädchen aus Guantana – angesprochen wurden.
Erst später in den Unabhängigkeitskämpfen Kubas bekam es die Bedeutung als „Freiheitslied", die ihm heute zugemessen wird.

Text: José Marti (1853-1895), Melodie: Joseito Fernandez (geb. 1908) nach einer kubanischen Tanzmelodie.

Gelobt sei das Gras 312

2. Der Wahrheit sei Lob! Sie kämpft sich ans Licht
und deckt man sie mit Lügen zu und glaubt, sie rührt sich nicht,
dann keimt sie im Grunde und zwängt sich herauf
und eines Tages bricht sie durch und nimmt ihren Lauf –
der Wahrheit sei Lob!

3. Gelobt sei das Gras! Es dringt durch den Stein,
ist grün und ist biegsam, ist zart und ist fein,
so klein von Gestalt, es hat Kraft und Gewalt.
Denn das Gras ist lebendig und tot der Asphalt –
gelobt sei das Gras!

4. Gelobt sei das Gras, das trotzig gedeiht!
Und die Wahrheit, die Freundin der armen Leut!
Sie wurzeln im Boden und sterben nicht aus:
die Wahrheit und das Gras vor des armen Manns Haus –
gelobt sei das Gras!

Malvina Reynolds gehört zu den „Großmüttern der USA-Songszene der sechziger Jahre, in denen Liedermacher und Sänger wie Pete Seeger, Joan Baez, Harry Belafonte ihre Lieder sangen.

Melodie und englischer Originaltext: „God bless the gras“: Malvina Reynolds, deutsche Fassung: Lothar Sauer/Oss Kröher, © Essex Musikvertrieb GmbH, Köln.

El cóndor pasa 313

2. El hombre es como el cóndor al volar.
De un lugar a otro lugar ha de volar.
La sangre entra en sus garras de dolor, de maldad,
como imitación del hombre y su puñal.
Gritemos …

2. Der Mensch ist wie der Kondor, der da fliegt ohne Ruh,
von einem Ort zum andern strebt er fort.
Der Kondor schlägt mit seinen Fängen zu, wie der Mensch,
dem seine Waffen lassen nie Ruh.
Mit einer Stimme …

Text: aus Bolivien, Melodie: Daniel A. Robles, Jorg Milchberg, *deutscher Text: Marianne Große-Boymann,*

I'll sing you a song

2. We crossed the Missouri and joined a large train,
which bore as o'er the mountains and valleys and plains,
and often of an evening out hunting we'd go
to shoot the fleet antelope and the wild buffalo.

3. We heard of Sioux Indians all out on the plains,
a-killing poor drivers and burning their trains,
a-killing poor drivers with arrows and bows,
when captured by Indians, no mercy they'd show.

4. We travelled three weeks, till we came to the plat,
we set up our camp at the head of the flat,
we spread down our blankets on the green, grassy ground,
while our mules and our horses were grazing around.

5. While taking refreshment we heard a low yell,
the whoop of Sioux Indians coming out of the dell,
we sprang to our rifles with a flash in each eye,
"Boys", said our leader, "we'll fight till we die."

6. They made a bold dash and come near to our train,
the arrows fell round us like showers of rain,
but with our long rifles we fed them hot lead,
till many a brave warrior around us lay dead.

7. In our little band there were just twenty-four,
and of the Sioux Indians, five hundred and more,
we fought them with courage, we said not a word,
the whoop of the Indians was all could be heard.

8. We shot their bold chief at the head of his band,
he died like a warrior with his bow in his hand,
when they saw their brave chief lying dead in his gore,
they whooped and they yelled and we saw them no more.

9. We travelled by day, guarded camp in the night,
till Oregon's mountains look'd in their might,
now in a green valley, beside a clear stream,
our journey has ended in the land of our dream.

Dieses Lied ist eines der wenigen Volkslieder, das von Indianern handelt. Es beschreibt ein Gefecht zwischen Indianern und Mormonen, das um 1840 stattfand. Die Indianer sahen sich durch die weißen Siedler in ihrer Existenz gefährdet.

Text und Melodie: aus Nordamerika.

Kaspar 315

2. Sein Haar in Strähnen und wirre, sein Gang war gebeugt.
„Kein Zweifel, dieser Irre ward vom Teufel gezeugt.“
Der Pfarrer reichte ihm einen Krug voll Milch, er sog in einem Zug.
„ Er trinkt nicht vom Geschirre, den hat die Wölfin gesäugt!“

3. Mein Vater, der in unserem Ort der Schulmeister war,
trat vor ihn hin, trotz böser Worte rings aus der Schar;
er sprach zu ihm ganz ruhig, und der Stumme öffnete den Mund
und stammelte die Worte: „Heiße Kaspar.“

4. Mein Vater brachte ihn ins Haus, „Heiße Kaspar!“
Meine Mutter wusch seine Kleider aus und schnitt ihm das Haar.
Sprechen lernte mein Vater ihn, lesen und schreiben, und es schien,
was man ihn lehrte, sog er in sich auf – wie gierig er war!

5. Zur Schule gehörte derzeit noch das Üttinger Feld,
Kaspar und ich pflügten zu zweit, bald war alles bestellt;
wir hegten, pflegten jeden Keim, brachten im Herbst die Ernte ein,
von den Leuten vermaledeit, von deren Hunden verbellt.

6. Ein Wintertag, der Schnee war frisch, es war Januar.
Meine Mutter rief uns: „Kommt zu Tisch, das Essen ist gar!“
Mein Vater sagte: „... Appetit“, ich wartete auf Kaspars Schritt,
mein Vater fragte mürrisch: „Wo bleibt Kaspar?“

7. Wir suchten, und wir fanden ihn auf dem Pfad bei dem Feld.
Der Neuschnee wehte über ihn, sein Gesicht war entstellt,
die Augen angstvoll aufgerissen, sein Hemd war blutig und zerrissen.
Erstochen hatten sie ihn, dort am Üttinger Feld!

8. Der Polizeirat aus der Stadt füllte ein Formular.
„Gott nehm’ ihn hin in seiner Gnad“, sagte der Herr Vikar.
Das Üttinger Feld liegt lang schon brach, nur manchmal bell’n mir noch die Hunde nach,
dann streu’ ich ein paar Blumen auf den Pfad, für Kaspar.

Kaspar Hauser ist der Name eines jungen Mannes, der 1828 in Nürnberg auftauchte, dessen Vergangenheit aber rätselhaft blieb. Nachdem er 1833 einem Mordanschlag zum Opfer fiel, wurde er bald zum Gegenstand zahlreicher literarischer Veröffentlichungen, u.a. von Paul Verlaine, Georg Trakl, Klaus Mann und Peter Handke.

Text und Melodie: Reinhard Mey (geb. 1942),

Lady in black

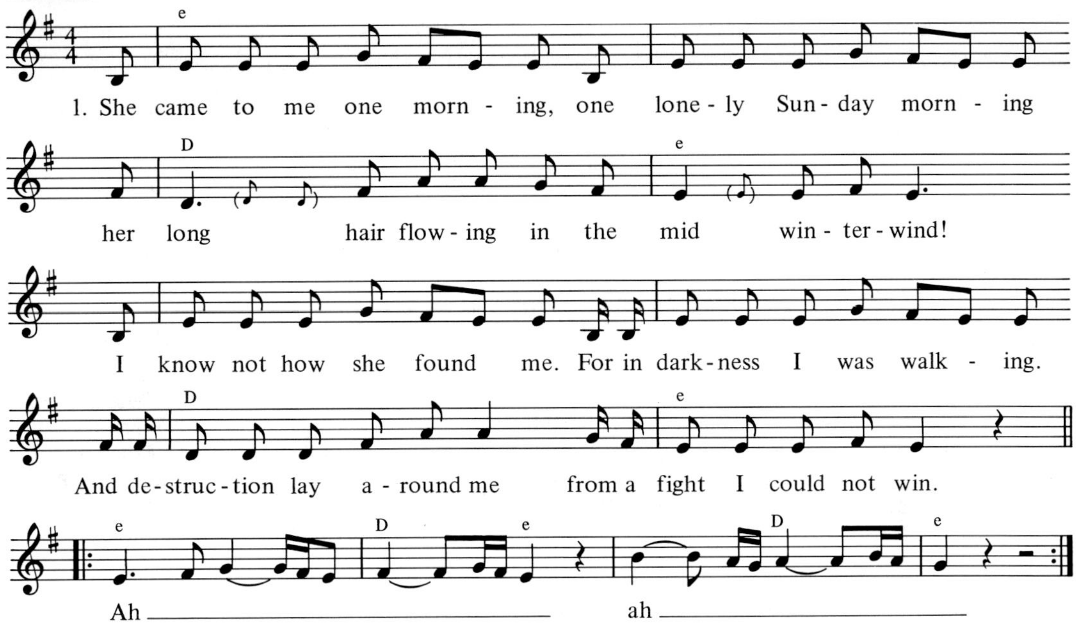

2. She asked me name my foe then! I said the need within some men
to fight and kill their brothers without thought of love or god.
And I begged her give me horses to trample down my enemy
so eager was my passion to beyour this way of life.

3. But she would not think of battle that reduces men to animals
so easy to begin and yet impossible to end.
For she the mother of all men did counsel me so wisely then
I feared to walk alone again and asked if she would stay.

4. Oh Lady lend your hand I cried or let me rest here at your side
have faith and trust in me she said and filled my heart with life.
There is no strength in numbers have no such misconception
but when you need me be assured I won't be far away.

5. Thus having spoke she turned away and tho' I found no words to say
I stood and watched until I saw her black cloak disappear.
My labour is no easier but now I know I'm not alone
I find new heart each time I think upon that windy day.
If one day she comes to you drink deeply from her words so wise
take courage from her as your prize and say hello for me.

foe = Gegner
need = Bedürfnis
within = im Innern
to beg = erbitten
eager = begierig
to counsel = beraten
strength = Kraft
misconseption = falsche Auffassung
assured = sicher

Ken Hensley war der Keyboarder der Rockgruppe „Uriah Heep". Dieses Lied schrieb er unter dem Eindruck der politischen Unruhen der späten sechziger Jahre.

Where have all the flowers gone 317

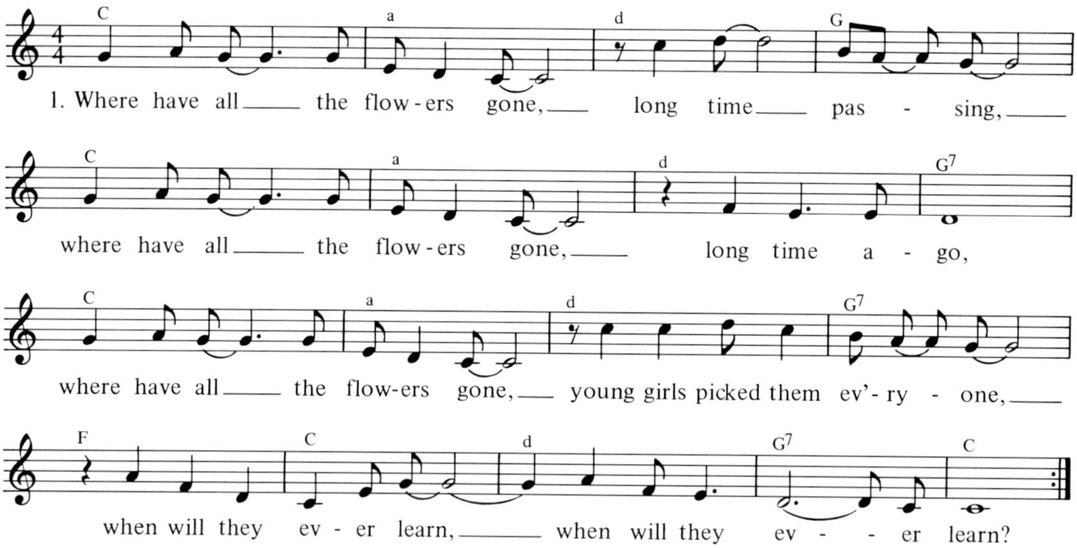

2. Where have all the young girls gone, long time passing,
   where have all the young girls gone, long time ago,
   where have all the young girls gone, gone to the young men every one
   when will they ever learn, when will they ever learn?

3. Where have all the young men gone, long time passing,
   where have all the young men gone, long time ago,
   where have all the young men gone, they are all in uniform,
   when will they ever learn, when will they ever learn?

4. Where have all the soldiers gone, long time passing,
   where have all the soldiers gone, long time ago,
   where have all the soldiers gone, gone to graveyards every one
   when will they ever learn, when will they ever learn?

5. Where have all the graveyards gone, long time passing,
   where have all the graveyards gone, long time ago,
   where have all the graveyards gone, covered with flowers every one,
   when will they ever learn, when will they ever learn?

6. Where have all the flowers gone …

1. Sag mir, wo die Blumen sind, wo sind sie geblieben?
Sag mir, wo die Blumen sind. Was ist geschehn?
Sag mir, wo die Blumen sind. Mädchen pflückten sie geschwind.
Wann wird man je verstehn? Wann wird man je verstehn?

2. Sag mir, wo die Mädchen sind …
Männer nahmen sie geschwind …

3. Sag mir, wo die Männer sind …
Zogen fort, der Krieg beginnt …

4. Sag, wo die Soldaten sind …
Über Gräbern weht der Wind …

5. Sag mir, wo die Gräber sind …
Blumen blühn im Sommerwind …

6. Sag mir, wo die Blumen sind …

Text und Melodie: Pete Seeger (geb. 1919), deutscher Text: Max Colpet (geb. 1905),

How many roads

Es geht ein dunkle Wolk herein

319

2. Und scheinst du, liebe Sonn, nit bald,
so weset alls im grünen Wald;
und all die müden Blumen,
die haben müden Tod.

3. Es geht ein dunkle Wolk herein.
Es soll und muß geschieden sein;
ade, Feinslieb, dein Scheiden
macht mir das Herze schwer.

Text und Melodie: aus Johann Werlins Handschrift von 1646, Satz: Hans-Peter Banholzer,

Hymnen

320

2. Wem der große Wurf gelungen, eines Freundes Freund zu sein,
wer ein holdes Weib errungen, mische seinen Jubel ein!
Ja – wer auch nur eine Seele sein nennt auf dem Erdenrund!
Und wer's nie gekonnt, der stehle weinend sich aus diesem Bund!

3. Freude heißt die starke Feder in der ewigen Natur.
Freude, Freude treibt die Räder in der großen Weltenuhr.
Blumen lockt sie aus den Keimen, Sonnen aus dem Firmament,
Sphären rollt sie in den Räumen, die des Sehers Rohr nicht kennt.

Text: Friedrich Schiller (1759–1805), Melodie: Ludwig van Beethoven (1770–1827), aus IX. Sinfonie.

Bundesrepublik Deutschland – Einigkeit und Recht und Freiheit 321

1. Deutschland, Deutschland über alles,
über alles in der Welt,
wenn es stets zu Schutz und Trutze
brüderlich zusammen hält.
Von der Maas bis an die Memel,
von der Etsch bis an den Belt.
Deutschland, Deutschland über alles,
über alles in der Welt!

2. Deutsche Frauen, deutsche Treue,
deutscher Wein und deutscher Sang
sollen in der Welt behalten
ihren alten schönen Klang,
uns zu edler Tat begeistern
unser ganzes Leben lang. –
Deutsche Frauen, deutsche Treue,
deutscher Wein und deutscher Sang!

Die Geschichte des Deutschland-Liedes ist ein Stück deutscher Geschichte. Ursprünglich erklang Haydns Melodie zu dem Text „Gott erhalte Franz, den Kaiser“, womit Franz I., der Sohn Maria Theresias, gemeint war. Haydn benützte diese Melodie auch in seinem „Kaiserquartett“, op. 76,3.
1841 schrieb Hoffmann von Fallersleben drei neue Strophen zu Haydns Melodie. In dieser Form wurde das Lied 1922 zur Nationalhymne.
Auch für die Bundesrepublik Deutschland ist dieses Lied die Nationalhymne. Bei staatlichen Veranstaltungen wird jedoch nur die 3. Strophe gesungen.

Text: August Heinrich Hoffmann von Fallersleben (1798–1874), Melodie und Satz: Josef Haydn (1732–1809).

Frankreich – Allons, enfants de la patrie (Marseillaise) 322

Das Lied wurde 1792 in Straßburg von dem Pionier-Offizier Rouget de Lisle verfaßt, und zwar als „Kriegslied der Rheinarmee". Es wurde zum Revolutions- und Freiheitslied. Den Namen „Marseillaise" erhielt es, als ein Marseiller Freiwilligen-Bataillon es am 30. Juli 1792 beim Einzug in Paris sang. Am 15. Juli 1795 wurde die Marseillaise zur Nationalhymne erklärt.

Text und Melodie: Claude Joseph Rouget de Lisle (1760–1836).

Württemberg – Preisend mit viel schönen Reden 323

2. Herrlich, sprach der Fürst von Sachsen,
ist mein Land und seine Macht,
Silber hegen seine Berge
wohl in manchem tiefen Schacht.

3. Seht mein Land in üpp'ger Fülle,
sprach der Kurfürst von dem Rhein,
goldne Saaten in den Tälern,
auf den Bergen edler Wein.

4. Große Städte, reiche Klöster,
Ludwig, Herr zu Bayern, sprach,
schaffen, daß mein Land den euren
wohl nicht steht an Schätzen nach.

5. Eberhard, der mit dem Barte,
Württembergs geliebter Herr,
sprach: Mein Land hat kleine Städte,
trägt nicht Berge silberschwer.

6. Doch ein Kleinod hält's verborgen,
daß in Wäldern noch so groß
ich mein Haupt kann kühnlich legen
jedem Untertan in Schoß.

7. Und es rief der Herr von Sachsen,
der von Bayern, der vom Rhein:
Graf im Bart, ihr seid der reichste,
euer Land trägt Edelstein!

Das Lied handelt von dem württembergischen Grafen und späteren Herzog Eberhard im Bart (1445–1496), dem Gründer der Universität Tübingen.

Text: Justinus Kerner (1786–1862), Melodie: volkstümlich.

Baden – Das schönste Land 324

2. Alt-Heidelberg, du feine, du Stadt an Ehren reich.
Am Neckar und am Rheine keine and're kommt dir gleich.
Drum grüß ich dich ...

3. In Karlsruh' ist die Residenz, in Mannheim die Fabrik,
in Rastatt ist die Festung, und das ist Badens Glück.
Drum grüß ich dich ...

4. Bei Haslach gräbt man Silbererz, bei Freiburg wächst der Wein,
im Schwarzwald schöne Mädchen sind, ein Badner möcht ich sein.
Drum grüß ich dich ...

Text und Melodie: volkstümlich.

Die Herkunft des Württemberger und des Badner Liedes ist nicht eindeutig zu klären. Sicher ist, daß beide auf volkstümliche Modelle zurückgehen, die Gefühl und Einstellung zum jeweiligen Heimatland besingen. Vom Badner Lied weiß man, daß es z.B. 1872 in Rastatt erklang. Sein Vorbild ist das Sachsenlied, von dem es im Volksliedarchiv in Freiburg Aufzeichnungen von 1857 gibt. Nach demselben Text- und Melodiemuster gibt es Versionen für andere Landschaften, z.B. für die Pfalz.

Bayern – Gott mit dir, du Land der Bayern 325

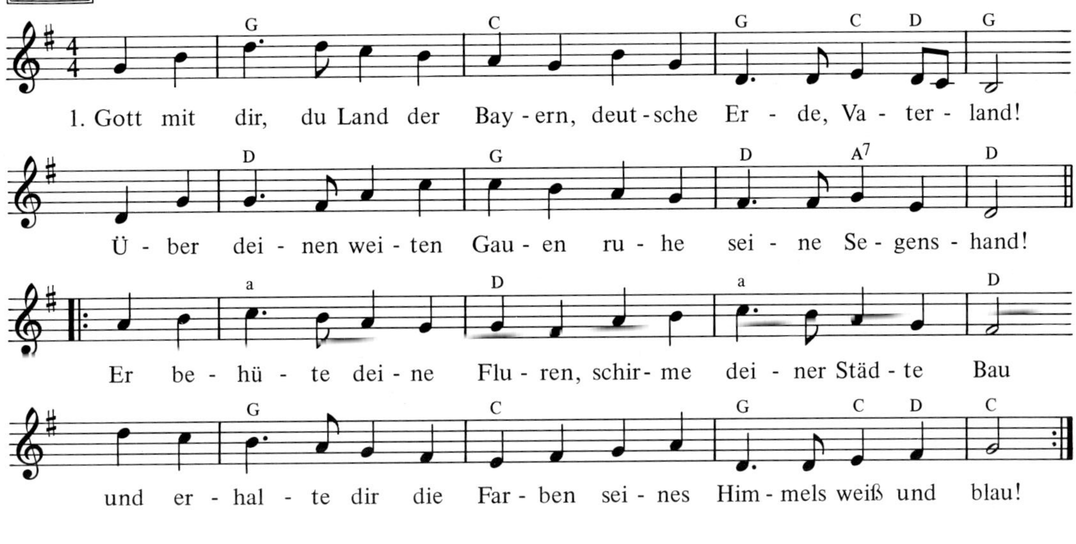

2. Gott mit dir, dem Bayernvolke, daß wir, unsrer Väter wert,
fest in Eintracht und in Frieden bauen unsres Glückes Herd!
Daß mit Deutschlands Bruderstämmen einig uns ein jeder schau
und den alten Ruhm bewähre unser Banner weiß und blau!

Text: Michael Öchsner (1816-1895), Melodie: Konrad Max Kunz (1812-1875).

Österreich – Land der Berge 326

Die Melodie der österreichischen Nationalhymne entstammt der kleinen Freimaurer-Kantate (1791) „Laut verkünde unsre Freude", die Mozart kurz vor seinem Tod komponierte. Paula Preradović schuf einen neuen Text, der durch Kabinettsbeschluß vom Februar 1947 Gültigkeit als Nationalhymne erhielt.

Text: Paula Preradović (1887–1951), Melodie und Satz: Wolfgang Amadeus Mozart (1756–1791).

Deutsche Demokratische Republik

Das Lied ist seit 1949 Nationalhymne der DDR. Der Text der „Becher Hymne – Auferstanden aus Ruinen" wird heute nicht mehr gesungen; bei offiziellen Anlässen erklingt nur die Melodie.

Text: Johannes R. Becher (1891-1958), Melodie und Satz: Hanns Eisler (1898-1962), aus „Fröhlich singen – vorwärts schauen",

Großbritannien – God save our gracious Queen 327

Im Falle einer männlichen Thronfolge lautet der Text so:

> God save our gracious King, long live our noble King, God save the King.
> Send him victorious, happy and glorious, long to reign over us, God save the King.

Dieses ist die älteste aller Nationalhymnen. Sie ist erstmals 1745 in Publikationen zu finden. Wer Text und Melodie verfaßt hat, läßt sich nicht mehr klären. Bekannt ist jedoch, daß sie in vielen Ländern – z. B. des Commonwealth – als Hymne anerkannt war. Auch im Deutschen Kaiserreich war sie mit dem Text „Heil dir im Siegerkranz" eine Zeitlang gültig. Heute hat das Fürstentum Liechtenstein noch die gleiche Melodie.

Text und Melodie: erstmals 1745 in Publikationen ohne Angabe von Verfassern.

Niederlande – Wilhelmus von Nassauen 328

Wilhelmus von Nassawe bin ich von teutschem blut,
dem vaterland getrawe, bleib ich bis in den todt,
ein printze von Uranien bin ich frey unerfehrt,
den könig von Hispanien hab ich allzeit geehrt.

Das Lied entstand um 1568, zu der Zeit, als die Niederländer um ihre Unabhängigkeit von Spanien kämpften. Der Textdichter wollte wohl den Prinzen Wilhelm von Nassauen (1553–1584) dem Volk als Anführer im Aufstand gegen den spanischen König Philipp II. empfehlen.
Ende des 19. Jahrhunderts wurde dieses Lied zur Nationalhymne der Niederlande, offiziell bestätigt erst jedoch 1932.

Text: Philipe von Marninx (1540–1598), Melodie: französisches Spottlied auf den Grafen von Conde (16. Jahrhundert).

Jugoslawien – Hej Sloveni 329

Hei, ihr Slawen! Es lebt der Geist unsrer Ahnen,
solange fürs Volk das Herz ihrer Söhne schlägt.
Lebe, lebe, slawischer Geist, leben wird er Jahrhunderte lang,
vergebens droht der Schlund der Hölle, vergebens das Feuer des Blitzes.

Die ursprünglich aus Polen stammende Melodie wurde in Ländern der Donaumonarchie auf verschiedene slawische Texte gesungen. Seit 1945 ist sie mit dem Text Samo Tomasiks jugoslawische Nationalhymne.

Israel – Kolod balevav (Hatikvah) 330

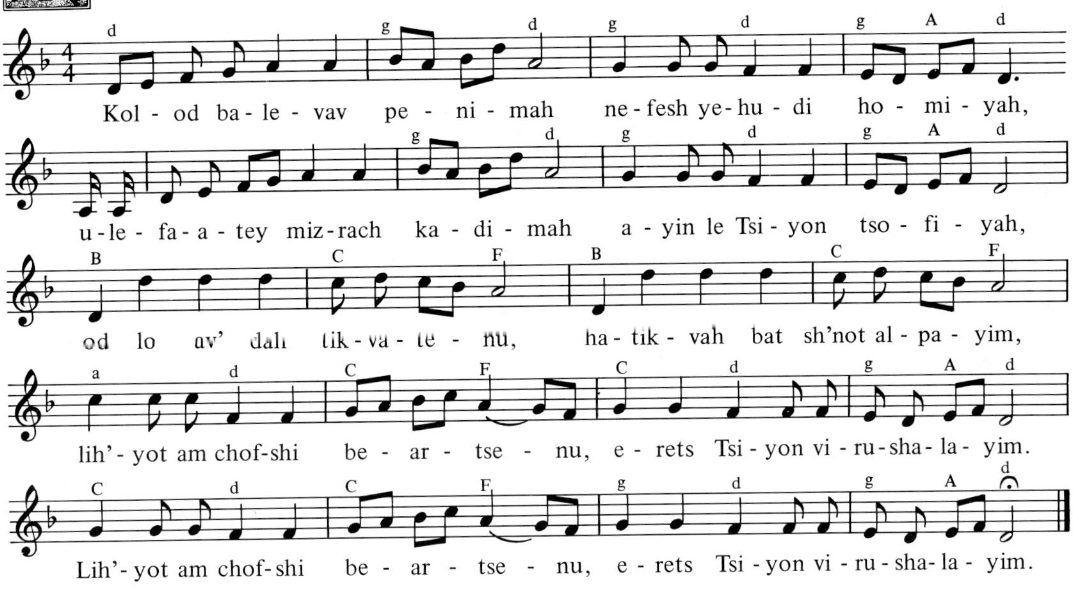

Solange im Herzen darinnen ein jüdisches Fohlen noch taut,
solang gen Südost zu den Zinnen von Zion ein Auge noch schaut,
solang lebt die Hoffnung auf Erden, die uns zweitausend Jahre verband,
daß ein Freivolk wir wieder werden in Zions, Jerusalems Land.

Die Melodie ist ein altes Volkslied, manche meinen aus dem Gebiet der Moldau. Deutlich ist, daß diese Melodie fast gleich ist mit Smetanas Hauptthema aus dem Werk „Moldau".
Der Textdichter stammt aus Rumänien. Nach der Gründung des Staates Israel 1948 wurde das Lied zur Nationalhymne.

Text: Naphtali Herz Imber (1856–1909), Melodie: volkstümliche Melodie, die auch in Polen und Spanien auftaucht.

Vereinigte Staaten von Amerika – Oh, say! Can you see

331

Der Text der Hymne entstand während des englisch-amerikanischen Krieges 1814. Der Rechtsanwalt Francis Scott Key war als Unterhändler auf einem britischen Schiff festgehalten und sah nach fünfundzwanzigstündiger Beschießung das Sternenbanner noch immer über dem Fort Henry in Baltimore wehen.
Die Melodie stammt von 1780, wurde im Laufe der Zeit jedoch verändert. Die heutige Fassung wurde 1916 von Präsident Wilson zur Nationalhymne erklärt und 1931 vom Kongreß offiziell bestätigt.

Text: Francis Scott Key (1780–1843), Melodie: John Stafford Smith (1750–1836).

Sowjetunion – Sojus neruschimy

331

Das große Rußland hat den Bund der freien Republiken
auf ewig zusammengefügt.
Es lebe die vom Willen der Völker geschaffene
einige, mächtige Sowjetunion!

Sei gepriesen, du unser freies Vaterland,
du hoffnungsvolle Stütze der Völkerfreundschaft!
Lenins Partei, die Kraft des Volkes,
führt uns zum Sieg des Kommunismus!

Text: Sergeij Michalkow (1913) und G. El-Registan (1924-1945), Melodie: Alexander Alexandrow (1883-1946).

Japan – Kimi gayowa 333

君が代は
千代に八千代に
さざれ石の
いわおとなりて
こけのむすまで

Die Herrschaft unseres Kaisers (Kimi gayo)
Zehntausend Jahre glücklicher Herrschaft seien Dein:
Regiere mein Herr, bis daß die Kieselsteine
durch die Zeiten zu mächtigen Felsen werden,
deren ehrwürdige Flanken das Moos umsäumt.

Die heutige Hymne Japans wurde 1880 zum erstenmal gespielt und 1888 offiziell proklamiert. Von Hiromori Hayashi war sie in der alten Tradition des Landes für die klassischen Instrumente des Hoforchesters komponiert worden. So wird sie zu manchen Anlässen auch heute noch gespielt.

Text: unbekannter Autor aus dem 12. Jahrhundert, Melodie: Hiromori Havashi, Satz: Franz Eckert.

Grifftabelle für Gitarre

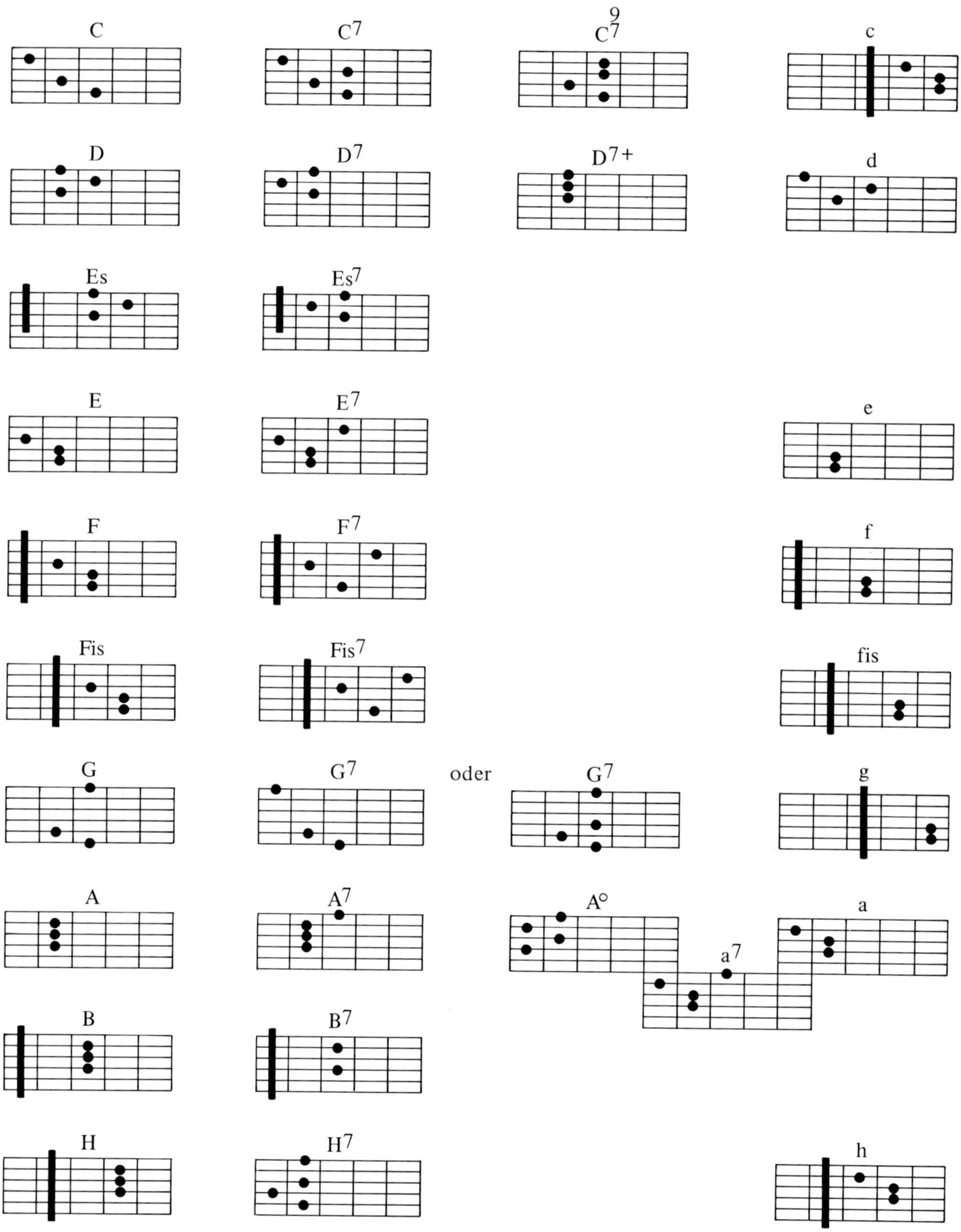

Große Buchstaben = Dur Kleine Buchstaben = Moll ▌ = Barré (frz., bedeutet versperrt, verriegelt)

Gruppenverzeichnisse

K = Kanon
1st = einstimmig
T = Tasteninstrument

Alphabetisches Verzeichnis

K = Kanon
1st = einstimmig
B = Begleitsatz
T = Tasteninstrument

333 Lieder
zum Singen, Spielen und Tanzen
für die Sekundarstufe an allgemeinbildenden Schulen
Ausgabe Süd

Hans-Peter Banholzer, Harald Hepfer und Klaus Wolf
unter Mitarbeit von Peter Tomanke (Kapitel „Tanzen")

Zum Unterrichtswerk gehören:
Schülerbuch, Ausgabe Süd 1821
Lehrerband „Tanzen" mit methodisch didaktischer Einführung
und ausführlicher Beschreibung der Tänze: 18234
Tonträger „Tanzen" 182321 CD
Tonträger „Spirituals & Blues 18236 CD

Grafische Gestaltung:
Titel, Auftaktseiten und Tanzfiguren: Dieter Gebhardt, Asperg
Notengrafik, Layout, Satz: Ingeborg Vaas, Langenau-Ulm
Die Initialen von Heinrich Vogeler wurden mit freundlicher Genehmigung
des Worpsweder verlages (Worpswede) verwendet.

Gedruckt auf Papier aus
chlorfrei gebleichtem Zellstoff,
säurefrei.

1. Auflage 1 17 16 15 14 | 2003 2002 2001 2000

Alle Drucke dieser Auflage können im Unterricht nebeneinander benutzt
werden, sie sind untereinander unverändert. Die letzte Zahl bezeichnet
das Jahr dieses Druckes.

Internetadresse: http://www.klett-verlag.de

Redaktion: Katharina Kemming

Druck: Appl, Wemding
ISBN 3-12-182100-8